HR不懂《劳动合同法》就是坑公司

第三版

员工从入职到离职整体解决方案

贺清君　王丽丽　著

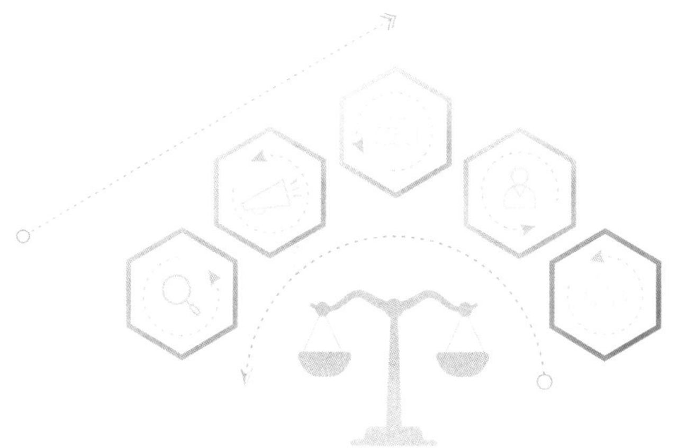

中国法制出版社
CHINA LEGAL PUBLISHING HOUSE

目录

CONTENTS

第一篇 《劳动合同法》法律框架

第二篇 劳动合同订立

第三篇 劳动合同履行和变更

第五篇 劳动争议风险防范

第六篇 构建和谐劳动关系

第一篇

《劳动合同法》法律框架

1 第一章 劳动合同法——不可触碰的管理红线

- 劳动合同法实施背景是什么？
- 劳动关系的核心含义是什么？
- 劳动关系的相关法律有哪些？
- 劳动关系法律效力有何范围？

1.1 劳动合同法出台背景

随着我国经济体制改革持续深入，企业劳动关系的复杂性也日趋凸显，2008 年《中华人民共和国劳动合同法》（以下简称《劳动合同法》）颁布之前，很多企业劳动关系管理制度不够健全，劳动者合法权益被侵害的现象时常发生，特别是围绕劳动报酬、保险福利和解除劳动合同案件是劳动争议案件的焦点。如何平衡好劳动关系，依法保障劳动者合法权益是必须破解的社会管理难题。

还有，一些民营企业和劳动者不签订用工合同，一旦出现劳动争议时劳动者的合法权益得不到有效保护，此外劳动合同短期化、劳动关系不稳定导致员工流失率高，对企业忠诚度低。劳动合同制度管理的缺失不仅使劳动关系处于一种无序状态，而且法律赋予企业员工的基本权益也难以得到有效保障。

在劳动力市场供大于求的背景下，用人单位利用自己在劳动关系中的强势地位侵犯劳动者合法权益的现象时有发生。有些用人单位滥用试用期，以劳动者在试用期内达不到录用条件为由随意解除合同；有些用人单位通过延长试用期来规避对劳动者的法律义务；有些用人单位违反法律法规规定，故意拖延或克扣员工工资；有些用人单位不按国家规定为员工缴纳社会保险费；有些用人单位不执行劳动定额标准，随意延长劳动时间并且不支付员工加班费……至今仍有企业存在上述违法现象，致使劳动者的合法权益受到侵害。企业和员工的劳动关系不和谐不仅影响着员工对企业的忠诚度，还影响着企业稳定发展以及社会的和谐稳定。

在劳动合同中明确约定劳动者和用人单位之间的劳动权利和义务，对双方主体既是一种保障，又是一种约束，有利于避免或减少劳动争议。同时在发生劳动争议时，劳动合同也是双方主张权利的主要依据，因此，建立完善的劳动合同制度就非常有必要。

在劳动合同立法的过程中，已实施的《中华人民共和国劳动法》（以下简称《劳动法》）有着特别重要的意义，该法系统地规定了劳动合同的定义、适用范围、内容、变更、解除和终止等情形及其法律适用，为建立统一的劳动合同制度奠定了法律基础。

《劳动法》中对劳动合同制度有专章规定，但是由于《劳动法》是劳动领域的一个基本法，该法所设各个章节尚需具体的法律规定详尽调整，因此非常有必要制定《劳动合同法》，对劳动合同的设立及解除的全过程予以系统规范和调整。

2005 年 12 月 24 日，《劳动合同法（草案）》首次提请第十届全国人民代表大会常务委员会第十九次会议审议，2006 年 3 月 20 日，《劳动合同法（草案）》公开征求意见。在《劳动合同法》立法调研、起草和审议的过程中，从立法宗旨到具体条款，劳动关系双方展开了针锋相对的立法博弈，立法机关收到了近 20 万件意见，由此可见，劳动合同法引起了非常广泛的社会关注和强烈反响。

历经四次审议，2007 年 6 月 29 日，第十届全国人民代表大会常务委员会第二十八次会议通过《劳动合同法》，于 2008 年 1 月 1 日起正式施行。

《劳动合同法》的出台有其必然性，倾斜于劳动者的立法保护更是《劳动合同法》的亮点，本法的实施对于推动构建和谐社会，注重社会公平，解决社会民生问题具有巨大影响和深远意义，作为企业各级管理者（不仅仅是 HR）都应该认真系统地学习和领会。

1.2 劳动关系的核心含义

劳动关系管理是人力资源常见的六大模块之一，从员工招聘、入职到离职的过程中劳动关系贯穿了人力资源主线，劳动关系是《劳动合同法》的精髓，失去了劳动关系这条主线，人力资源管理就失去了基础。

劳动关系究竟有什么含义呢？确切地讲，劳动关系是指劳动者与用人单位（包括各类企业、个体工商户、事业单位等）在实现劳动过程中建立的社会经济关系。

从广义上来讲，任何劳动者与任何性质的用人单位之间，只要是因为从事劳动而结成的社会关系都属于劳动关系的管理范畴。从狭义上来讲，现实社会生活中的劳动关系是指依照国家劳动法律法规规范的劳动法律关系，即双方当事人是被一定劳动法律规范规定和确认的权利和义务联系在一起的，其权利和义务的实现，是由国家强制力来保障和护航的。用人单位和劳动者之间存在管理与被管理的雇佣关系，用人单位的规章制度适用于劳动者。

劳动关系按照不同角度和层面可以划分为以下类别：

- 按不同所有制的关系：全民所有制、集体所有制、个体经营、联营、股份制、外商投资等劳动关系；
- 按职业：企业劳动关系、事业单位劳动关系及国家机关劳动关系；
- 按资本组织形式：国有控股公司、私营企业、外商投资以及有限公司等劳动关系；
- 从集体谈判制度上：个体劳动关系和集体劳动关系。

上述分类无论如何划分，从本质上来讲，只要存在法定雇佣关系就存在员工劳动关系。

1.3　劳动关系的相关法律

在谈及劳动关系时，不得不提的是自 1995 年 1 月 1 日起施行的《劳动法》。《劳动法》是我国全面综合调整劳动关系的法律，是调整劳动关系的基本法。在《劳动法》基础上相关部门制定了包括规范劳动合同、社会保险、劳动标准、劳动争议处理、劳动监察等方面的单行法律、行政法规和部门规章与之配套，此外，各地方政府也相应制定了适用于本行政区划的地方性劳动法规和规章。

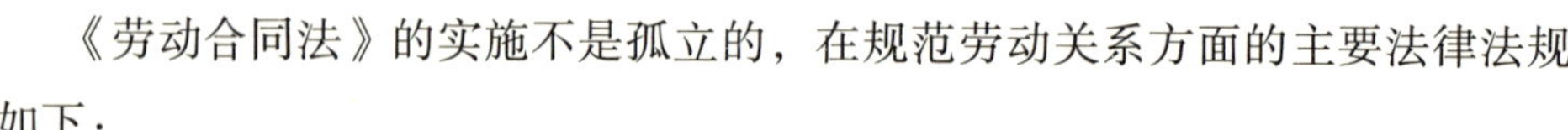

《劳动合同法》的实施不是孤立的，在规范劳动关系方面的主要法律法规如下：

1. 劳动合同：《中华人民共和国劳动合同法实施条例》（以下简称《劳动合同法实施条例》）等。

2. 社会保险：《中华人民共和国社会保险法》（以下简称《社会保险法》）、《实施〈中华人民共和国社会保险法〉若干规定》、《工伤保险条例》、《失业保险条例》等。

3. 制定劳动标准：《工资支付暂行规定》《最低工资规定》《企业职工患病或非因工负伤医疗期规定》《职工带薪年休假条例》等。

4. 劳动争议处理：《中华人民共和国劳动争议调解仲裁法》（以下简称《劳动争议调解仲裁法》）、《最高人民法院关于审理劳动争议案件适用法律问题的解释（一）》，以及规定了劳动监察的《劳动保障监察条例》等。

实战经验分享

> 国家和地方的劳动法律、法规会定期或不定期调整和完善，请密切关注官方信息（如当地人力资源和社会保障部门网站）。

1.4 劳动关系的法律效力

与劳动关系实施配套的劳动法规定非常多，有些地方存在对同一问题不同法规有不同规定之情形；有些法律法规现行有效；有些已经废止。在繁杂的法律法规面前，广大读者首先应该考虑的是法律效力的问题。

按照国家立法关于法律效力的规定，国家法律和行政法规的效力等级高于地方性法规和规章。

此外，在遇到涉及法律效力问题的时候，多咨询一下当地专业律师的意见，他们掌握着各种法律法规的效力信息。

2 第二章

劳务、实习、派遣——典型特殊关系

- 劳务关系和劳动关系区别在哪里?
- 实习关系和劳动关系区别在哪里?
- 劳务派遣和劳动关系区别在哪里?

2.1 劳务关系

劳务关系是一种特殊的劳动关系，但是和法律上的劳动关系有很大区别。

劳务关系是指由两个或两个以上的平等主体通过劳务合同建立的一种民事权利义务关系，劳动者与用工者根据口头或书面约定，由劳动者向用工者提供一次性或者特定的劳动服务，用工者依约向劳动者支付劳务报酬的一种有偿服务法律关系。

劳务关系所签订的合同可以是书面形式，也可以是口头形式和其他形式。

劳务关系由《中华人民共和国民法典》(以下简称《民法典》)进行规范和调整，建立和存在劳务关系的当事人之间是否签订书面劳务合同，由当事人双方协商确定。

常见的劳务关系主要有以下几种情形：

1. 发包承包方式：用人单位将某项工程发包给某个人或某几个人，或者将某项临时性或一次性工作交给某个人或某几个人，双方签订《劳务合同》形成劳务关系。这类从事劳务的人员一般是自由职业者，身兼数职，劳务人员多通过中介机构存放档案，由个人负责缴纳保险。

2. 劳务派遣方式：用人单位向劳务输出公司提出用工需求，由劳务输出公司向用人单位派遣劳务人员，双方签订《劳务派遣合同》，形成较为复杂的劳务关系。在这种情形下，用人单位与劳务输出公司是一种单纯的劳务关系，劳动者与劳务输出公司是一种劳动关系，而与其所服务的用人单位也是一种劳务关系。这种劳务关系情形，常称为“租赁劳动力”。

3. 临时劳务方式：企业中的待岗、下岗、内退、停薪留职人员，在外从事一些临时性且有经济报酬的工作而与其他用人单位建立的劳务关系。在这种情形下，这些劳务人员与原单位的劳动关系依然存在，所以与新的用人单位只能签订劳务合同，建立劳务关系。根据《最高人民法院关于审理劳动争议案件适用法律问题的解释（一）》第三十二条第二款规定：“企业停薪留职人员、未达到法定退休年龄的内退人员、下岗待岗人员以及企业经营性停产放长假人员，因与新的用人单位发生用工争议而提起诉讼的，人民法院应当按劳动关系处理。”

4. 退休返聘方式：根据《最高人民法院关于审理劳动争议案件适用法律问题的解释（一）》第三十二条第一款之规定，用人单位与其招用的已经依法享受养老保险待遇或者领取退休金的人员发生用工争议而提起诉讼的，人民法院应当按劳务关系处理。

总之，对于企业常年性岗位上的劳动者，用人单位必须与之建立劳动关系并且签订劳动合同。一次性或临时性的非常年性工作或可发包的劳务事项，用人单位可使用劳务人员并与之签订劳务合同。

关于劳动关系和劳务关系的主要区别如表 2-1 所示：

表 2-1　劳动关系与劳务关系的区分

区分项目	劳动关系	劳务关系
用工双方主体	一方必须是用人单位（机关、企事业单位、社会团体和个体经济组织），另一方是劳动者个人	双方可能都是个人，或者都是用人单位，也可能一方是用人单位，另一方是个人
用工双方关系	劳动者与用人单位有隶属关系，接受用人单位管理，遵守用人单位各项规章制度（如考勤、绩效考核等），从事用人单位分配的工作和服从用人单位的人事安排	双方不存在隶属关系，没有管理与被管理、支配与被支配的权利和义务

续表

区分项目	劳动关系	劳务关系
支付报酬形式	多以工资的方式定期支付（一般是按月支付的方式），有规律性	多为一次性即时结清或按阶段、按批次支付，根据劳务合同的约定执行
纠纷性质	用人单位与劳动者之间的纠纷	平等主体双方在履行合同中所产生的纠纷
法律适用	《劳动法》和《劳动合同法》	《民法典》
合同方式	《劳动合同》	《劳务合同》

实战经验分享

在实践中，有个别规模较小的用人单位为了逃避法律责任，未及时与劳动者签订劳动合同，但只要双方实际履行了相关权利和义务，就形成了事实上的劳动关系。事实上的劳动关系与劳动关系相比，仅仅是欠缺了书面合同这一形式要件，但并不影响劳动关系的成立。

2.2　实习关系

实习是指学生在校学习期间，到用人单位具体岗位上参与实践工作的过程，实习关系中的另一方主要是在校学生。

很多企业在实习生毕业应该转正的时候拖延审批而造成了事实劳动关系，大学生毕业前后和企业的关系不同，毕业前是实习关系，毕业后就自动成为劳动关系，作为 HR 部门要提醒用人部门注意这种法律风险。需要注意以下问题：

1. 实习生和企业不存在劳动关系，和企业只能签《实习协议》，不能签《劳动合同》，而正式员工和企业存在劳动关系；

2. 实习生只能享受实习补助，不能享受正式员工的待遇，如五险一金等；

3. 实习生和企业是松散的管理关系，企业有些制度对实习生是无效的，而正式员工应严格遵守企业各项规章制度。

关于劳动关系和实习关系的区别如表 2–2 所示：

表 2–2　劳动关系与实习关系的区分

区分项目	劳动关系	实习关系
用工双方主体	一方必须是用人单位，另一方是劳动者个人	针对在校学生（未正式毕业）
用工双方关系	劳动者与用人单位有隶属关系，从事用人单位分配的工作和服从用人单位的人事安排	双方不存在隶属关系，没有管理与被管理、支配与被支配的权利和义务
支付报酬形式	多以工资的方式定期支付，有规律性	有的单位为了吸引应届生安排了实习津贴（按照学历不同津贴也不同）
法律适用	《劳动法》和《劳动合同法》	《民法典》
合同方式	《劳动合同》	《实习协议》

2.3　劳务派遣

劳务派遣是一种特殊的用工方式，是劳务派遣单位根据用人单位的实际工作需要，招聘合格人员，并将所聘人员派遣到用人单位工作的一种用工方式。

劳务派遣的主要特点总结起来就是“招人不用人”“用人不招人”的招聘与用人相分离的用工模式。

1. 用人单位负责对派遣员工的使用和使用中的岗位管理：原则上不负责派遣员工的人事管理，人事管理归派遣单位负责。

2. 用人单位和派遣单位双方签订《派遣协议》：协议中约定各自的权利和义务，同时也约定被派遣员工的权益和保障措施。

3. 用人单位不和派遣员工发生劳动关系：劳务派遣单位和派遣员工签订《劳动合同》并负责派遣员工的培训、工资福利、社会保险、绩效考核等日常的 HR 管理，其中绩效考核可以由用人单位给予评价作为考核的部分依据。

4. 被派遣员工是派遣单位聘用的员工，派遣单位必须承担相关的劳动法律责任，包括员工劳动关系的建立和解除，都要由派遣单位负责。

5. 派遣单位通过向实际用人单位收取包括派遣员工工资、社保、福利、管理费等各项费用，来维持自身的生存和发展。

劳务派遣单位对劳动者的义务主要包括：

1. 保障劳动者享有与用工单位招用的劳动者同工同酬的权利；

2. 严格依据劳务派遣协议向劳动者支付劳动报酬；

3. 日常劳动关系的管理责任，如培训、考核等；

4. 在跨地区派遣时应当保证劳动者的劳动报酬、劳动条件，符合用工单位所在地的标准；

5. 劳务派遣协议的内容需要预先和劳动者做充分的沟通；

6. 保障劳动者依法参加或者组织工会的权利；

7. 对劳动者的劳动承担连带赔偿责任；

8. 解除劳动关系后按照法律规定给予补偿的责任。

用工单位对劳动者的义务主要包括：

1. 执行国家劳动标准，负责提供相应的劳动条件和劳动保护；

2. 保障劳动者的报酬和劳动条件符合用工单位所在地区的标准；

3. 保障劳动者同工同酬的权利；

4. 告知劳动者的工作要求和劳动报酬；

5. 进行必要的相关劳动培训；

6. 不得将劳动者转派遣（再次派遣到其他用人单位）；

7. 保障其依法参加或组织工会的权利；

8. 承担劳务派遣协议中约定的连带赔偿责任。

我国《劳动合同法》对于劳务派遣有很多明确的规定，关键规定条款有：

第五十七条　经营劳务派遣业务应当具备下列条件：

（一）注册资本不得少于人民币二百万元；

（二）有与开展业务相适应的固定的经营场所和设施；

（三）有符合法律、行政法规规定的劳务派遣管理制度；

（四）法律、行政法规规定的其他条件。

经营劳务派遣业务，应当向劳动行政部门依法申请行政许可；经许可的，依法办理相应的公司登记。未经许可，任何单位和个人不得经营劳务派遣业务。

第五十八条　劳务派遣单位是本法所称用人单位，应当履行用人单位对劳动者的义务。劳务派遣单位与被派遣劳动者订立的劳动合同，除应当载明本法第十七条规定的事项外，还应当载明被派遣劳动者的用工单位以及派遣期限、工作岗位等情况。

劳务派遣单位应当与被派遣劳动者订立二年以上的固定期限劳动合同，按月支付劳动报酬；被派遣劳动者在无工作期间，劳务派遣单位应当按照所在地人民政府规定的最低工资标准，向其按月支付报酬。

第五十九条 劳务派遣单位派遣劳动者应当与接受以劳务派遣形式用工的单位（以下称用工单位）订立劳务派遣协议。劳务派遣协议应当约定派遣岗位和人员数量、派遣期限、劳动报酬和社会保险费的数额与支付方式以及违反协议的责任。

用工单位应当根据工作岗位的实际需要与劳务派遣单位确定派遣期限，不得将连续用工期限分割订立数个短期劳务派遣协议。

第六十条 劳务派遣单位应当将劳务派遣协议的内容告知被派遣劳动者。

劳务派遣单位不得克扣用工单位按照劳务派遣协议支付给被派遣劳动者的劳动报酬。

劳务派遣单位和用工单位不得向被派遣劳动者收取费用。

第六十一条 劳务派遣单位跨地区派遣劳动者的，被派遣劳动者享有的劳动报酬和劳动条件，按照用工单位所在地的标准执行。

第六十二条 用工单位应当履行下列义务：

（一）执行国家劳动标准，提供相应的劳动条件和劳动保护；

（二）告知被派遣劳动者的工作要求和劳动报酬；

（三）支付加班费、绩效奖金，提供与工作岗位相关的福利待遇；

（四）对在岗被派遣劳动者进行工作岗位所必需的培训；

（五）连续用工的，实行正常的工资调整机制。

用工单位不得将被派遣劳动者再派遣到其他用人单位。

第六十三条 被派遣劳动者享有与用工单位的劳动者同工同酬的权利。用工单位应当按照同工同酬原则，对被派遣劳动者与本单位同类岗位的劳动者实行相同的劳动报酬分配办法。用工单位无同类岗位劳动者的，参照用工单位所在地相同或者相近岗位劳动者的劳动报酬确定。

劳务派遣单位与被派遣劳动者订立的劳动合同和与用工单位订立的劳务派

遣协议，载明或者约定的向被派遣劳动者支付的劳动报酬应当符合前款规定。

第六十四条 被派遣劳动者有权在劳务派遣单位或者用工单位依法参加或者组织工会，维护自身的合法权益。

第六十五条 被派遣劳动者可以依照本法第三十六条、第三十八条的规定与劳务派遣单位解除劳动合同。

被派遣劳动者有本法第三十九条和第四十条第一项、第二项规定情形的，用工单位可以将劳动者退回劳务派遣单位，劳务派遣单位依照本法有关规定，可以与劳动者解除劳动合同。

第六十六条 劳动合同用工是我国的企业基本用工形式。劳务派遣用工是补充形式，只能在临时性、辅助性或者替代性的工作岗位上实施。

前款规定的临时性工作岗位是指存续时间不超过六个月的岗位；辅助性工作岗位是指为主营业务岗位提供服务的非主营业务岗位；替代性工作岗位是指用工单位的劳动者因脱产学习、休假等原因无法工作的一定期间内，可以由其他劳动者替代工作的岗位。

用工单位应当严格控制劳务派遣用工数量，不得超过其用工总量的一定比例，具体比例由国务院劳动行政部门规定。

第六十七条 用人单位不得设立劳务派遣单位向本单位或者所属单位派遣劳动者。

关于派遣关系和劳动关系的区别如表 2-3 所示：

表 2-3 劳动关系与派遣关系的区别

区 别	劳动关系	派遣关系
用工双方主体	一方必须是用人单位（机关、企事业单位、社会团体和个体经济组织），另一方是劳动者个人	劳动者隶属派遣公司，为被派遣单位服务
用工双方关系	劳动者与用人单位有隶属关系，从事用人单位分配的工作和服从用人单位的人事安排	双方不存在隶属关系，但是被派遣单位对派遣人员有管理的义务（连带责任）
支付报酬形式	多以工资的方式定期支付，有规律性	用人单位统一支付给派遣单位，不直接给派遣员工

续表

区　别	劳动关系	派遣关系
纠纷性质	用人单位与劳动者之间的纠纷	平等主体双方在履行合同中所产生的纠纷
法律适用	《劳动法》和《劳动合同法》	《民法典》
合同方式	签订正式《劳动合同》	《派遣（外包）合同》规定
合同期限	有固定期限或无固定期限	2 年以上有固定期限的劳动合同

2.4　非全日制

目前企业用工方式可谓灵活多样，既有全日制又有非全日制，既有灵活用工又有劳务派遣。我国《劳动合同法》对于非全日制有明确的规定，关键规定条款如下：

第六十八条　非全日制用工，是指以小时计酬为主，劳动者在同一用人单位一般平均每日工作时间不超过四小时，每周工作时间累计不超过二十四小时的用工形式。

第六十九条　非全日制用工双方当事人可以订立口头协议。

从事非全日制用工的劳动者可以与一个或者一个以上用人单位订立劳动合同；但是，后订立的劳动合同不得影响先订立的劳动合同的履行。

第七十条　非全日制用工双方当事人不得约定试用期。

第七十一条　非全日制用工双方当事人任何一方都可以随时通知对方终止用工。终止用工，用人单位不向劳动者支付经济补偿。

第七十二条　非全日制用工小时计酬标准不得低于用人单位所在地人民政府规定的最低小时工资标准。

非全日制用工劳动报酬结算支付周期最长不得超过十五日。

上述规定，是企业制定非全日制用工合同的关键参考条款。

第二篇

劳动合同订立

3 第三章
员工招聘——从根源回避录用随意性

- 录用条件为何必须公示?
- 如何有效回避就业歧视?
- 入职背景调查如何实施?
- 外国人就业区别在哪里?
- 为何必须慎重发放 Offer[①]?

在阐述员工招聘之前，有必要认真研读涉及《劳动合同法》的关键条款：

第八条 用人单位招用劳动者时，应当如实告知劳动者工作内容、工作条件、工作地点、职业危害、安全生产状况、劳动报酬，以及劳动者要求了解的其他情况；用人单位有权了解劳动者与劳动合同直接相关的基本情况，劳动者应当如实说明。

第九条 用人单位招用劳动者，不得扣押劳动者的居民身份证和其他证件，不得要求劳动者提供担保或者以其他名义向劳动者收取财物。

第二十条 劳动者在试用期的工资不得低于本单位相同岗位最低档工资或者劳动合同约定工资的百分之八十，并不得低于用人单位所在地的最低工资标准。

……

此外还有关于劳动合同签署的规定，这些关键条款是企业招聘员工的法律红线，不可触碰。

---

① 即 Offer letter，通常被称为聘用意向书或录用通知书。

3.1 录用条件公示

新员工录用条件，是指根据用人单位的人员甄选和录用规定，结合招聘工作岗位的具体工作要求描述，对拟录用的劳动者的任职资格和职务资格的要求。

录用条件的设定是试用期可否解除劳动合同的关键依据，如果用人单位在试用期以不符合录用条件为由解除与劳动者的劳动合同，那么应事先规定明确的录用条件，而且要让劳动者知晓。

在人力资源管理实践中，录用条件该如何设定是个需要认真对待的问题。综合业界企业管理惯例，总结提炼的最佳管理实践要点如下。

1. 录用条件应当合法

录用条件所设定的标准应当合法，主要包含三个方面的意思：一是录用条件应当不违反劳动法律的相关规定（如《劳动法》和《劳动合同法》等），劳动法律明确规定了禁止使用童工、工作时间、劳动报酬、休息休假、劳动保护等一系列的劳动标准或劳动条件，录用条件不能违反这些劳动标准或劳动条件中的强制性规定；二是录用条件不能违反相关法律的强制性规定；三是录用条件不能带有任何歧视，如性别、种族、民族、年龄、身高等，否则录用条件就是违法的。

2. 录用条件描述应符合 SMART 原则

新员工录用条件要易于对拟录用新员工做出最准确的考核，并且考核符合 SMART 原则：

- Specific（明确的）：试用期考核目标明确，准确定义相关工作要求；
- Measurable（可衡量的）：试用期考核指标可度量、可衡量，容易评价产出；
- Attainable（可达到的）：试用期目标是现实、可行的；
- Relevant（相关的）：试用期目标与公司、部门要求一致，具有一定相关性；
- Time-bound（有时限性的）：确定试用期内必须完成的任务。

3. 录用条件应该提前公示确认

新员工对于录用条件要充分知情，避免含糊不清导致纠纷。用人单位制定的录用条件必须事先告知劳动者才能发生法律效力，如果用人单位未向劳动者告知，而采用“内部控制”的方式掌握录用条件，则劳动者在发生相关纠纷时可以不了解该录用条件为由，否定用人单位的“在试用期间被证明不符合录用条件的”解除理由。用人单位可以采取以下方式将录用条件告知劳动者：

- 招聘员工时向其明示录用条件；
- 劳动关系建立以前，通过发送录用函（Offer）的方式向员工明示录用条件，并要求其签字确认（或者邮件确认）；
- 在入职流程中明示录用条件；
- 在岗位说明书中明示录用条件；
- 在劳动合同中明确约定录用条件或者不符合录用条件的情形。

实战经验分享

很多HR对招聘条件与录用条件分不清，事实上二者是有明确区别的，招聘条件是进行初次筛选简历的基本门槛，体现在招聘时选择劳动者的基本资格要求；而录用条件是用人单位确定所要聘用的劳动者的最终条件，是决定是否录用该员工的依据，两者有重合的部分，但并不完全一致。

招聘条件主要用于应聘人员集中筛选；录用条件的对象是特定的、新招用的员工，可以作为用人单位在试用期内对员工进行考察的依据。

【经典案例1】试用期内以不符合录用条件为由解除劳动合同，用人单位如何举证？

案例介绍

某外企发布了招聘软件工程师的公告：录用条件是“计算机相关专业本科及以上学历，有数据库程序开发经验，精通Visual C++，有行业软件开发经验者优先录用”，工作职责是根据技术文档规范编写相应的技术文档和项目文档，负责软件功能维护。

王某顺利通过该企业面试并且最终被企业录用，入职后双方签订了为期 3 年的劳动合同（其中试用期 3 个月）。

王某入职后，该公司用人部门发现他与外籍员工语言沟通不够顺畅，严重影响工作进度，于是该企业决定与王某解除劳动合同。但王某认为，当时企业在录用条件中对工作语言交流没有特殊要求，现在以此作为解除劳动合同的理由不符合法律规定，应当支付经济补偿金。企业则认为王某仍在试用期内，企业可以随时解除劳动合同，不需要支付任何补偿金，并且认为王某与外籍员工存在语言沟通的问题足以说明他不符合录用条件。

王某将企业诉至劳动争议仲裁委员会，最终企业因无法证明王某不符合录用条件而败诉。

案例分析

本案中，用人单位的败诉是因为设定的录用条件和工作职责过于笼统，没有明确将“具有流利的语言交流和沟通能力”作为一项关键的录用条件，最终承担了败诉的后果。

实战经验分享

现在业界比较好的做法是，录用新员工后，在录用函（Offer）上重述新员工录用条件，入职后员工要签订录用条件确认书，这样可以较好地防范举证不能的法律风险。

3.2 规避就业歧视

所谓就业歧视，是指条件相近的求职者在面对同等机会的求职过程中，由于某些与个人关键性格和能力无关因素的影响，不能够享有与他人平等的就业机会，从而使其平等就业权受到侵害的现象。就业歧视是对劳动者的平等就业权的侵害，属于违法行为。在人力资源管理实践中，如何规避这个问题，本书推荐的主要思路如下：

1. 用人单位应合理确定招聘条件：就业歧视是对劳动者的平等就业权的侵害，如果企业想避免就业歧视，就应该承担证明其招聘条件具有正当性和合理性的责任。

2. 招聘广告中关于招聘条件的用语要注意措辞柔和：目前我国对于就业歧视没有明确的规定，在司法实践中是否构成就业歧视主要依赖法官的自由裁量。因此，企业应该学会合理表达招聘条件，如多使用“优先”“择优”等字眼，避免招聘条件过于刚性。

3. 无法确认的内容要注意表达方式：如果企业无法确定是否可能涉及就业歧视时应该慎重表述或者不表达，尤其是在部分内容存在模糊状态的情形下企业更应该慎重表述，比较好的做法是通过是网络搜索是否有对类似的就业歧视问题的分析。

【经典案例 2】招聘时用人单位明确表示只要男性，是就业歧视吗?

案例介绍

小赵是个即将大学毕业的女生，最近她一直奔波于各类人才招聘会，经历了求职过程中的种种艰辛，更让她苦恼的是很多单位明确表示只要男性，甚至一些机关单位也公开宣称招录公务员只限男性。

案例分析

《劳动法》第十二条和第十三条规定：劳动者就业，不因民族、种族、性别、宗教信仰不同而受歧视；妇女享有与男子平等的就业权利；在录用职工时，除国家规定的不适合妇女的工种或者岗位外，不得以性别为由拒绝录用妇女或者提高妇女的录用标准。

小赵所遭遇的就是典型的就业歧视，这种性别歧视多是针对女性求职者的，一些用人单位不愿意招聘女生的原因是女生如果结婚生子会涉及休假，特别是技术型企业往往认为男生吃苦耐劳的能力比女生要强，并且否认这是就业歧视，认为对员工的选择是合理甄选。

招聘中的就业歧视与合理甄选的实质性区别在于：就业歧视是企业以与工作无关的理由剥夺部分应聘者的竞争机会，而合理甄选则是在应聘者享有平等竞争

机会的前提下，对应聘者与工作相关的关键能力和关键性格等评价要素优胜劣汰。

学历和经验的要求是否属于就业歧视呢？一般而言谈不上是歧视，因为学历和经验与员工的工作能力以及岗位胜任度息息相关，由于知识和技能一般难以准确判断，所以用人单位只能通过对学历和经验的考察，判断求职者是否具备工作所需的知识和技能。

3.3 入职背景调查

员工背景调查，是指用人单位通过各种合理合法的途径，核实求职者个人履历信息真实性的过程，是保证招聘质量的重要手段之一。

拟录用员工的工作经历真实性主要通过背景调查来解决，通常情况下背景调查由人力资源部负责（或者委托第三方负责调查）。

- **调查方法 1：让人力资源部进行调查**

人力资源部自行调查的主要优点是能掌握第一手真实信息（第三方有可能造假），调查针对性强并且成本低。自行调查的主要缺点是个人主观色彩较浓，调查可能不够严谨客观。

自行调查需要特别注意的一点是，要回避从竞争对手公司“挖”人的情形：如果该候选人是从竞争对手那里“挖”过来的，前雇主难免会对此类调查有抵触的情绪，人力资源部联系上家企业的时候势必会形成尴尬的局面。但是如果应聘者是从已入职同事原来所在公司过来的，通过对已入职同事进行单独调查就可以深入了解应聘者在原来企业的实际情况。

实战经验分享

企业要建立规范的 E-HR 信息系统，可以查询包括员工工作经历信息，这些关联信息是企业管理的法宝（如竞争对手分析等）。

人力资源部通过职业化的方式对拟录用人员进行背景调查，询问其曾任职企业的人力资源部，详细调查拟录用员工的工作背景。

这种方法的好处是调查的职业化，存在的问题是拟录用员工信息是否需要保密（员工离职被企业人力资源部知悉，其可能会给员工离职设置阻力等），上家企业的人力资源部是否能够积极配合（有的企业 HR 部门不愿意配合），这就需要 HR 部门综合考虑和平衡。

- **调查方法 2：让专业公司进行调查**

即外包给比较专业的第三方调查公司进行统一处理，这类专业的调查公司有着固定的调查信息渠道，比较专业，态度中立，能够做到客观对待。但是需要注意的一点是，在我国，第三方员工背景调查的服务兴起不久，在各类企业服务质量良莠不齐的情况下，人力资源部在选择专业公司的时候一定要小心谨慎，否则可能带来法律风险。专业公司调查法这种方法适合中高端人才，针对普通员工成本太高。

- **调查方法 3：让猎头公司进行调查**

这种做法比较节约精力和成本，但是某些猎头公司会帮助候选人做一些“技术处理”，因为他们跟候选人的利益是一致的，他们精心包装候选人的目的是促使候选人尽快获得录用，所以企业在和猎头公司合作时要特别注意这一点，要在合作协议上规范虚假调查的责任。

实战经验分享

通过猎头公司“挖”到的人才，可安排猎头公司进行独立的背景调查，在签订协议时约定猎头公司对推荐人才工作经历背景的保证条款等。

【经典案例 3】员工学历造假企业可否随意解除合同？

案例介绍

王某海进入某公司工作，在面试时王某海表示自己的学历证书原件因某种原因不在身边（理由编造得非常合理），只向公司提供了大学本科学历证书的复印件，公司未表示异议，也没有进行学历验证，因公司急于用人，于是正式要求其尽快办理入职手续。

王某海在入职后工作非常努力，表现非常出色，受到了公司领导的表扬和认可。

公司人事部在清理员工档案时，发现王某海的大学本科学历证书复印件有造假嫌疑，公司老总获知此事后表示不能接受员工的欺骗行为，公司遂以王某海“提供虚假应聘材料构成严重违纪”为由与王某海解除了劳动合同并且没有给予任何补偿。

王某海对公司的处理不服，遂向劳动争议仲裁委员会提起仲裁申请，要求公司与其恢复劳动关系。

本案的争议焦点在于员工学历造假，企业可否随意解除劳动合同。

像王某海这种学历造假的情况在HR招聘实践中是可能会遇到的，即所谓的“学历假冒但能力不伪劣”。

公司认为王某海在应聘时向公司提供伪造的大学本科学历证书复印件，以提供虚假应聘材料的方式获得了公司职位已经构成“欺诈”，在这种情况下双方签署的劳动合同应认定为无效合同，由此与王某海解除劳动合同并无不妥。

王某海认为其在公司工作已经两年有余且工作表现也得到了公司的认可，公司不可因两年前其应聘时提供虚假材料而与其解除劳动合同，且公司在对其进行招聘面试时也并未明确过学历系录用条件之一，故公司以严重违纪为由与其解除劳动关系属违法解除。

仲裁结果表明，公司认为王某海存在严重违纪，但公司规章制度中并未明确“提供虚假应聘材料”系严重违纪行为，且王某海所在岗位录用条件只是要求大专以上学历，而公司对其所主张的违纪情形未提供充分证据予以证明且无相应处理的规定。最终，仲裁委裁决公司败诉。

案例分析

根据《劳动合同法》第二十六条的规定：以欺诈、胁迫的手段或者乘人之危，使对方在违背真实意思的情况下订立或者变更劳动合同的，劳动合同无效或者部分无效。因此，如果员工履行告知义务有瑕疵，企业有权利主张劳动合同无效或者部分无效。

要认定合同无效必须符合以下两个关键条件：

（1）劳动者使用了欺诈手段；

（2）企业因此违背真实意思订立了劳动合同。

从本案分析，公司在签订劳动合同时并未审查劳动者的学历原件，人力资源相关人员未履行尽职审查的义务存在一定的瑕疵；对于王某海应聘岗位，公司要求的是大专以上学历，本科学历非录取的必要条件，用人单位作出录用的决定与劳动者伪造学历的行为没有因果关系，因此不能认定劳动者构成欺诈。

企业以“严重违纪”为由与劳动者解除劳动关系的前提是公司《员工手册》及《劳动纪律管理制度》等文件中对该违纪情形予以规定并向劳动者告知确认。而在本案中，企业因制度中缺乏对“提供虚假应聘材料”的相关违纪处理规定，故在法律上将承担依据不足之后果。

此外，需要特别说明的一点是，在司法实践中，对于劳动者学历造假，裁审机构会考量虚假的内容是否足以影响企业录用该劳动者，也就是说，虚假的内容是否构成影响双方建立劳动关系的关键因素。如果企业在招用时并未向劳动者明确学历系录用条件之一，虽然劳动者在应聘时使用了欺诈手段，但在司法实践中很可能被认定为不符合上述第二项条件。若该企业擅自依据学历造假而单方面解除劳动合同的话存在较大的法律风险。

实战经验分享

很多企业在新员工面试登记表中要求承诺“如果提供虚假经历，应聘者愿意接受解聘的后果”，这种以承诺书的形式明确用人单位与劳动者双方皆已经履行了告知义务并且承诺告知内容的真实性，是一种比较好的做法。

通过背景调查，可以证实求职者的教育和工作经历、个人品质、交往能力、工作能力等信息。由于背景调查技术的成本较高，操作难度较大，企业一般在确定了目标职位的候选人之后才使用。

对于企业而言，并不是对全体员工都要做背景调查。一方面，企业要考虑自身的财力和人力安排，资金充裕的大公司完全可以对全员进行背景调查，中小型公司可考虑只对关键岗位员工进行背景调查；另一方面，用人单位要考虑自身所处的行业性质，高新技术产业和生产制造行业对背景调查的需求性更高。

3.4 外国人就业

根据《外国人在中国就业管理规定》第二条的规定，外国人是指按照《中华人民共和国国籍法》规定不具有中国国籍的人员。外国人在中国就业本身受到一定的限制，根据《外国人在中国就业管理规定》第七条的规定，必须具备下列条件的外国人方可在中国境内就业：

1. 年满 18 周岁，身体健康；

2. 具有从事其工作所必须的专业技能和相应的工作经历；

3. 无犯罪记录；

4. 有确定的聘用单位；

5. 持有有效护照或能代替护照的其他国际旅行证件。

用人单位如聘用外国人，必须在当地劳动管理部门为该外国人申请《就业许可证》，经获准后到劳动行政部门办理核准手续，取得《中华人民共和国外国人就业许可证书》后方可聘用。

关于与外国人签订劳动合同的规定：

如聘用外国人，用人单位与被聘用的外国人应该依法订立劳动合同，但是该劳动合同的订立与解除与聘用国内员工的劳动合同有所区别：

- 与外国人订立的劳动合同的期限最长不得超过 5 年。
- 劳动合同期限届满即行终止，不能经双方协商同意后擅自直接续订，必须按照《外国人在中国就业管理规定》第十八条的规定履行审批手续后方可续订，即“被聘用的外国人与用人单位签订的劳动合同期满时，其就业证即行失效。如需续订，该用人单位应在原合同期满前 30 日内，向劳动行政部门提出延长聘用时间的申请，经批准并办理就业证延期手续。”
- 用人单位与聘用的外国人之间的劳动合同解除后，用人单位应及时报告劳动、公安部门，交还该外国人的就业证和居留证件，并到公安机关办理出境手续。

用人单位与外国员工发生劳动争议适用法律问题：《外国人在中国就业管理规定》第二十五条明确规定，用人单位与被聘用的外国人发生劳动争议，应按照我国的《劳动法》以及《劳动争议调解仲裁法》处理。

实战经验分享

聘用外国人可以考虑建立劳务关系，如该外国人系由总部在国外的用人单位从总部派遣到国内工作，国内企业与总部应明确该员工在派遣方面的相关问题，包括派遣时间、工资待遇等。

从劳动关系上讲，被派遣的外国人的劳动合同关系仍系与外国总部建立，与用人单位建立的只是劳务关系，用人单位无须与该员工签订劳动合同，而是由境外派遣单位出具相应的证明材料并注明聘用期限即可。

3.5　慎重发放 Offer

Offer 通常被称为聘用意向书或录用通知书，目前多数用人单位在与劳动者正式签订劳动合同前，都会先向正式录用的应聘人员发放 Offer。如果公司发放了 Offer 后又反悔，这个问题则会非常棘手。

Offer 的法律性质是用人单位向劳动者发出的要约（类似合同的要约），Offer 并不是劳动合同，而是用人单位单方面向劳动者发出的聘用意向，是合同的一种意思表示。

尽管 Offer 并不是正式的合同，但对用人单位而言同样具有法律约束力。只要劳动者同意并符合 Offer 中的约定条件，用人单位就应当按照 Offer 中承诺的内容如期与劳动者订立劳动合同。

【经典案例 4】公司发放录用通知后又反悔，如何处理？

案例介绍

某企业是一个刚成立不久的项目型企业，前段时间该企业接了一个新项目，急需招聘一名项目经理，人力资源部小李按照企业的招聘需求顺利确定了一名合格人选并向其发放了 Offer（录用审批单老总已经签字），约好近期来公司报到入职。

还没等该员工入职，小李突然接到领导通知，说公司接的项目临时暂停就不需要招项目经理了，让其通知这个人不必来企业报到了。

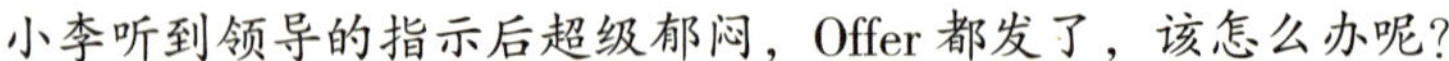

小李听到领导的指示后超级郁闷，Offer 都发了，该怎么办呢？

案例分析

企业遇到这种问题通常有以下几种协商解决途径：

A：如果计划录取的员工还没辞职并且原来的企业极力挽留：与应聘者充分沟通取得理解和谅解。可以向应聘者真诚道歉，并告知对方以后如有合适的机会，定会优先考虑。如果应聘者不同意，可以协商给予其一定限度内的经济赔偿金。

B：如果计划录取的员工已经辞职：

1. 由于 Offer 发出后用工双方仍处于劳动合同的订立过程中，此时劳动者在充分信任用人单位的基础上已经为签订劳动合同做了必要的准备和相关投入（如已经向原来的企业提出辞职），如果用人单位违反 Offer 约定，则需要承担因违背“诚实信用原则”而导致的损害赔偿责任（具体赔偿以应聘者各种经济损失为界限）；

2. 企业可考虑是否有其他职位可以安排，避免经济损失。如果该员工确实是一名非常难得的人才，企业可以作为储备干部来使用。如果是容易招聘到的人员，而企业又没有储备人员的安排，则应考虑与应聘者充分沟通，争取能得到应聘者的理解。

实战经验分享

根据我国《民法典》的规定，“要约”就是希望和他人订立合同的意思表示。这个意思表示的内容应当具体确定，并且要约人一旦作出了承诺，就要受到意思表示的约束。

第四章 员工入职——如何签订劳动合同

- 录用条件为何需要再次确认?
- 入职培训管理有哪些必要性?
- 《员工手册》有何核心价值?
- 签订劳动合同如何确保有效?
- 集体合同如何有效实施管理?

4.1 录用条件再次确认

录用条件的告知不仅仅体现在招聘广告中，还需要在入职过程中加以明确和规范，可通过Offer公示，同时入职时要有新员工录用条件确认书并要求员工签字确认，具体参见表4-1。

表4-1 新员工录用条件确认书

新员工姓名			
身份证号			
试用期	自 年 月 日到 年 月 日		
岗位（职位）			
试用期岗位录用条件	录用条件	达标标准	特别约定

续表

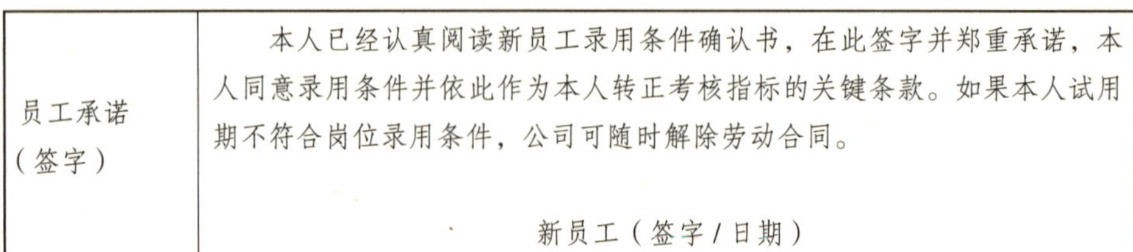

员工承诺（签字）	本人已经认真阅读新员工录用条件确认书，在此签字并郑重承诺，本人同意录用条件并依此作为本人转正考核指标的关键条款。如果本人试用期不符合岗位录用条件，公司可随时解除劳动合同。 新员工（签字 / 日期）

4.2 入职培训管理

新员工入职后，最重要的一件事就是入职培训。新员工通过入职培训可以深入了解企业发展历程、企业文化、企业核心业务以及企业各项管理制度等。

关于新员工入职培训类型分类如表 4–2 所示：

表 4–2 入职培训类型分类

培训类别	培训目标	培训内容	备 注
公司级培训	尽快熟悉企业	企业历史、发展愿景、核心价值观和经营理念、企业组织架构；企业核心业务；商务礼仪；企业政策与福利、企业关键管理制度如绩效考核、考勤与休假等；企业高管、各部门功能介绍等	每月可根据新入职人员数量集中培训
部门培训	尽快融入团队	主要是熟悉部门整体业务，认识部门的同事，熟悉部门各项管理制度和工作流程	员工感到受部门的欢迎、关注和尊重，使新员工对胜任新工作充满信心
跨部门培训	掌握相关部门业务流程	熟悉企业相关业务部门工作流程	HR 部门可采用最简单的集中汇总各业务部门 PPT 的方式进行培训

4.3 《员工手册》的重要性

《员工手册》主要是企业内部的人事制度管理规范，同时涵盖企业的各个方面，有着传播企业形象、企业文化的功能。它是有效的管理工具，是员工的行动指南。

《员工手册》是企业规章制度、企业文化与企业战略的浓缩，是企业内的“法律法规”，同时还起到了展示企业形象、传播企业文化的作用。

根据《劳动法》第二十五条的规定，用人单位可以随时解除劳动合同的情形中包括“严重违反劳动纪律或者用人单位规章制度的”，但是如果用人单位没有规定或者规定不明确，在因此引发劳动争议时，就会因没有依据或依据不明确而陷入被动。制定合法有效的《员工手册》是法律赋予企业的权利，也是企业在管理上的必要手段。

制定《员工手册》要考虑其适用性、合理性、及时性。

A：适用性

《员工手册》涵盖了员工在生产、工作中的行为准则和公司的管理要求以及员工合同、保险、薪酬、福利、考核、培训等事项的具体实施方法及操作规定、流程，这就要求企业根据自身实际情况并结合企业发展战略和目标制定。《员工手册》的制定既要符合现阶段企业发展的需要，同时也要根据企业的发展情况随时更新。

B：合理性

《员工手册》的内容首先要符合国家相关法律、法规，如《劳动法》《中华人民共和国劳动保险条例》《企业职工患病或非因工负伤医疗期规定》《社会保险费征缴暂行条例》《失业保险条例》等；其次，要符合“人之常情和公序良俗”，不得过于苛刻。

C：及时性

《员工手册》的制定应遵循SMART原则，即S-明确的（反映企业现阶段的发展要求），M-可衡量的（量化的），A-可达到的（可以实现），R-相关的（与公司、部门要求的一致性），T-有时限性的（阶段时间内）。

综合总结业界《员工手册》通用实践，提炼经典格式如下。

《员工手册》参考格式

首页：总经理致辞

第一部分　公司简介

1. 公司简介

企业简介、企业发展史等。

2. 企业文化

企业愿景、经营理念等。

3. 组织结构

组织结构简介。

第二部分　企业规章制度

1. 招聘管理制度

2. 试用期和转正管理制度

3. 劳动合同管理规定

4. 内部异动管理规定

5. 岗位管理规定

6. 培训管理制度

7. 奖惩管理制度

8. 离职管理规定

9. 财务管理制度

……

第三部分　知情和承诺

1. 保密承诺

2. 岗位调整知情承诺书

3. 相关承诺

实战经验分享

《员工手册》在新员工入职时发放，员工需对企业各项规章制度知情，这是企业执行各项管理制度的前提和基础，发生劳动仲裁时，新员工是否在《员工手册》上签字确认过，这是一项关键证据。

为此，HR 管理者要高度重视《员工手册》的作用，做好制度传阅及签字保管工作，避免发生劳动纠纷时没有任何证据。

4.4　签订劳动合同

《劳动合同法》中关于企业签订劳动合同的规定关键条款如下：

第三条　订立劳动合同，应当遵循合法、公平、平等自愿、协商一致、诚实信用的原则。依法订立的劳动合同具有约束力，用人单位与劳动者应当履行劳动合同约定的义务。

第七条　用人单位自用工之日起即与劳动者建立劳动关系。用人单位应当建立职工名册备查。

第八条　用人单位招用劳动者时，应当如实告知劳动者工作内容、工作条件、工作地点、职业危害、安全生产状况、劳动报酬，以及劳动者要求了解的其他情况；用人单位有权了解劳动者与劳动合同直接相关的基本情况，劳动者应当如实说明。

第九条　用人单位招用劳动者，不得扣押劳动者的居民身份证和其他证件，不得要求劳动者提供担保或者以其他名义向劳动者收取财物。

第十一条　用人单位未在用工的同时订立书面劳动合同，与劳动者约定的劳动报酬不明确的，新招用的劳动者的劳动报酬按照集体合同规定的标准执行；没有集体合同或者集体合同未规定的，实行同工同酬。

第十二条　劳动合同分为固定期限劳动合同、无固定期限劳动合同和以完成一定工作任务为期限的劳动合同。

第十三条　固定期限劳动合同，是指用人单位与劳动者约定合同终止时间的劳动合同。用人单位与劳动者协商一致，可以订立固定期限劳动合同。

第十四条　无固定期限劳动合同，是指用人单位与劳动者约定无确定终止时间的劳动合同。

用人单位与劳动者协商一致，可以订立无固定期限劳动合同。有下列情形之一，劳动者提出或者同意续订、订立劳动合同的，除劳动者提出订立固定期限劳动合同外，应当订立无固定期限劳动合同：

（一）劳动者在该用人单位连续工作满十年的；

（二）用人单位初次实行劳动合同制度或者国有企业改制重新订立劳动合同时，劳动者在该用人单位连续工作满十年且距法定退休年龄不足十年的；

（三）连续订立二次固定期限劳动合同，且劳动者没有本法第三十九条和第四十条第一项、第二项规定的情形，续订劳动合同的。

用人单位自用工之日起满一年不与劳动者订立书面劳动合同的，视为用人单位与劳动者已订立无固定期限劳动合同。

第十五条　以完成一定工作任务为期限的劳动合同，是指用人单位与劳动者约定以某项工作的完成为合同期限的劳动合同。

用人单位与劳动者协商一致，可以订立以完成一定工作任务为期限的劳动合同。

第十六条 劳动合同由用人单位与劳动者协商一致，并经用人单位与劳动者在劳动合同文本上签字或者盖章生效。

劳动合同文本由用人单位和劳动者各执一份。

第十七条 劳动合同应当具备以下条款：

（一）用人单位的名称、住所和法定代表人或者主要负责人；

（二）劳动者的姓名、住址和居民身份证或者其他有效身份证件号码；

（三）劳动合同期限；

（四）工作内容和工作地点；

（五）工作时间和休息休假；

（六）劳动报酬；

（七）社会保险；

（八）劳动保护、劳动条件和职业危害防护；

（九）法律、法规规定应当纳入劳动合同的其他事项。

劳动合同除前款规定的必备条款外，用人单位与劳动者可以约定试用期、培训、保守秘密、补充保险和福利待遇等其他事项。

第十八条 劳动合同对劳动报酬和劳动条件等标准约定不明确，引发争议的，用人单位与劳动者可以重新协商；协商不成的，适用集体合同规定；没有集体合同或者集体合同未规定劳动报酬的，实行同工同酬；没有集体合同或者集体合同未规定劳动条件等标准的，适用国家有关规定。

第二十六条 下列劳动合同无效或者部分无效：

（一）以欺诈、胁迫的手段或者乘人之危，使对方在违背真实意思的情况下订立或者变更劳动合同的；

（二）用人单位免除自己的法定责任、排除劳动者权利的；

（三）违反法律、行政法规强制性规定的。

对劳动合同的无效或者部分无效有争议的，由劳动争议仲裁机构或者人民法院确认。

第二十七条 劳动合同部分无效，不影响其他部分效力的，其他部分仍然有效。

第二十八条 劳动合同被确认无效，劳动者已付出劳动的，用人单位应当向劳动者支付劳动报酬。劳动报酬的数额，参照本单位相同或者相近岗位劳动者的劳动报酬确定。

此外，我国《劳动合同法》第八十二条第一款规定："用人单位自用工之日起超过一个月不满一年未与劳动者订立书面劳动合同的，应当向劳动者每月支付二倍的工资。"

实战经验分享

根据业界惯例，一般入职后第 1 次签订合同的期限以 1—3 年为宜（3 年最常见），第 2 次签订为 3—5 年，到第 3 次企业必须和劳动者签订无固定期限劳动合同。

企业与劳动者如何签订劳动合同，在企业招聘管理制度中要有非常明确的规定。

人力资源部要及时汇总新员工签订合同的信息，及时完成劳动合同汇总表，形成企业劳动合同管理台账，关于劳动合同汇总表如表 4–3 所示：

表 4–3　劳动合同汇总表

<table>
<tr><th>序号</th><th>员工姓名</th><th>员工号</th><th>合同编号</th><th>合同类型</th><th>合同年限</th><th>合同起止日期</th><th>合同动态</th><th>备注</th></tr>
<tr><td></td><td></td><td></td><td></td><td></td><td></td><td></td><td></td><td></td></tr>
<tr><td></td><td></td><td></td><td></td><td></td><td></td><td></td><td></td><td></td></tr>
<tr><td></td><td></td><td></td><td></td><td></td><td></td><td></td><td></td><td></td></tr>
<tr><td></td><td></td><td></td><td></td><td></td><td></td><td></td><td></td><td></td></tr>
<tr><td></td><td></td><td></td><td></td><td></td><td></td><td></td><td></td><td></td></tr>
<tr><td></td><td></td><td></td><td></td><td></td><td></td><td></td><td></td><td></td></tr>
<tr><td></td><td></td><td></td><td></td><td></td><td></td><td></td><td></td><td></td></tr>
<tr><td colspan="2">编制人员 / 日期</td><td colspan="3"></td><td colspan="2">审核人员 / 日期</td><td colspan="2"></td></tr>
<tr><td colspan="2">合同台账
管理须知</td><td colspan="7">1. 合同类型：①固定期限劳动合同；②无固定期限劳动合同；③以完成一定工作任务为期限的劳动合同。
2. 合同动态：①当为合同变更时填写"合同变更"字样，同时备注变更时间和内容；②当为合同续订时填写"续订"字样，同时填写累计续订次数；③当为合同解除或终止时，填写"合同解除"或"合同终止"字样。</td></tr>
</table>

员工劳动合同台账是后续劳动合同签订的基础，《劳动合同法》中对应关键相关法律法规，其中第十四条明确规定：

- 无固定期限劳动合同，是指用人单位与劳动者约定无确定终止时间的劳动合同。
- 用人单位与劳动者协商一致，可以订立无固定期限劳动合同。有下列情形之一，劳动者提出或者同意续订、订立劳动合同的，除劳动者提出订立固定期限劳动合同外，应当订立无固定期限劳动合同：（一）劳动者在该用人单位连续工作满十年的；（二）用人单位初次实行劳动合同制度或者国有企业改制重新订立劳动合同时，劳动者在该用人单位连续工作满十年且距法定退休年龄不足十年的；（三）连续订立二次固定期限劳动合同，且劳动者没有本法第三十九条和第四十条第一项、第二项规定的情形，续订劳动合同的。
- 用人单位自用工之日起满一年不与劳动者订立书面劳动合同的，视为用人单位与劳动者已订立无固定期限劳动合同。

【经典案例 1】新员工入职后拒绝签订劳动合同怎么办？

案例介绍

陈某峰到某企业报到入职后，对该公司向自己承诺的薪酬有分歧（公司发的 Offer 上没有薪酬数据或者税前税后工资的说法），陈某峰认为该公司在欺骗他，人力资源部在这个具有争议的问题上没有留下任何管理证据，陈某峰入职后坚持拒绝签订劳动合同。

作为人力资源部应该怎么办？

案例分析

《劳动合同法实施条例》第五条规定："自用工之日起一个月内，经用人单位书面通知后，劳动者不与用人单位订立书面劳动合同的，用人单位应当书面通知劳动者终止劳动关系，无需向劳动者支付经济补偿，但是应当依法向劳动者支付其实际工作时间的劳动报酬。"

人力资源部可采用的具体解决方案：在不严重违反公司薪酬体系的情况下尽可能协商解决，如果该员工有明显讹诈公司的行为，要向该员工发送签订劳动合同通知书，限期要求其签订劳动合同，并告知其不签订劳动合同的法律后果，要求其必须在期限内给予答复，保留相关的送达凭证（如EMS、电话录音等）。如果该员工拒绝签收，要求其说明拒绝签收的理由。经过送达之后，员工没有任何意见则视员工同意签订劳动合同通知书内容，并应当作出是否签订劳动合同的明确表示。若员工仍然拒绝签订劳动合同的，则应向该员工发送终止劳动关系通知书，彻底终止与该劳动者的劳动关系。

【经典案例 2】新员工入职后未及时签订劳动合同怎么办？

案例介绍

侯某入职上海某企业从事商务管理工作，双方约定月薪为5000元。侯某入职3个多月以来，企业没有同侯某签订书面劳动合同，也没有为其缴纳社会保险费，侯某以该用人单位违反《劳动合同法》为由提起劳动仲裁，要求企业发放其入职当月工资5000元、经济补偿金5000元以及未签订劳动合同的双倍工资。

庭审后企业感觉胜诉无望，主动要求和解并向侯某支付补偿金。

案例分析

《劳动合同法》第十条规定，“已建立劳动关系，未同时订立书面劳动合同的，应当自用工之日起一个月内订立书面劳动合同。用人单位与劳动者在用工前订立劳动合同的，劳动关系自用工之日起建立”。根据上述规定，用人单位最晚应该在用工之日起一个月内与劳动者签订书面劳动合同。

实战经验分享

未签订劳动合同支付双倍工资案件，最关键的是劳动者能提供在该用人单位工作的证据。为了避免劳动纠纷，员工入职后要及时签订《劳动合同》，逾期则用人单位需要支付双倍工资。建议用人单位规范入职流程跟踪，通过新员工入职服务跟踪表落实管理职责。

【经典案例 3】续签劳动合同可否再约定试用期？

案例介绍

朱先生在某企业销售部工作，该企业和朱先生签订的为期三年的劳动合同即将到期，企业人力资源部通知其续签劳动合同，并将其升任为华北区销售经理，但同时说明，新上任的管理人员必须有半年的试用期（考察期）。虽然朱先生认为续约还要约定试用期有所不妥，但为了升职就与企业续签了为期三年的劳动合同，并约定了半年的试用期。继续试用期间由于朱先生在工作中出现了较大的失误，企业在试用期结束后，以朱先生试用期内表现不符合录用条件为由与之解除了劳动合同。后朱先生咨询法律专家，得知同一用人单位续签劳动合同时再次约定试用期的做法是违法的，于是向当地仲裁机构提起了仲裁。

仲裁委经审理认为，用人单位违反了《劳动合同法》的规定，与劳动者重复约定的试用期违法，用人单位以“试用期内表现不符合录用条件”为由与朱先生解除劳动合同是非法解聘行为。

仲裁结果：企业要对违法约定的 6 个月试用期向朱先生支付赔偿金，此外还要支付相应的经济补偿金。

案例分析

试用期工资最低可以为同岗位工资的 80%，有些规模较小的企业为了节省薪酬支出想要再次约定试用期，这种做法是否合法？答案是明确的，不可以再约定试用期。

实战经验分享

作为 HR，在实际操作中务必注意试用期期限、不得约定试用期的情况、试用期工资及违反试用期规定后果四个方面的法律法规。

【经典案例 4】签订劳动合同过程有哪些法律风险？

案例介绍

武女士被一家外商独资企业录用，企业给她开出的工资待遇很高，入职后有一件事情让武女士感到不安：进入该企业工作后，武女士提出和企业签订劳动合同，企业人力资源部却说这家企业和员工都是每季度集中签订合同，武女士只好等待。

到了季度末，企业人力资源部又继续推托不签订合同，虽然武女士多次要求企业和她签订劳动合同，但企业一直以种种理由进行推托……一年多过去了，企业开始裁员，用人部门以武女士工作业绩不佳为由通知与武女士结束劳动关系。

武女士被迫办完离职手续后，在向企业提出经济补偿金的要求时，遭到了企业的拒绝。企业给武女士的理由是"我们之间没有签订劳动合同，不存在劳动关系，双方均可随时通知对方结束这种关系，没有必要支付经济补偿金"。

武女士向当地仲裁机构提请仲裁，由于武女士保留了大量的入职工作证据，最终仲裁结果是企业要双倍赔偿给武女士入职以来的工资，同时由于企业非法解聘武女士，所以须支付其 2 倍的经济赔偿金。

案例分析

企业与新员工签订劳动合同，看起来非常简单，事实上需要注意的问题有很多，作为 HR 必须高度重视这些细节问题。

1. 企业与劳动者没有及时签订书面劳动合同将面临高额的处罚和赔偿成本

《劳动合同法》设计了相应的约束机制，如果用人单位不与劳动者签订书面劳动合同，企业将为此支付高额的用工成本，主要体现在以下几个方面：

- 用人单位应自用工之日起 1 个月内与劳动者签订书面劳动合同；
- 用人单位自用工之日起超过 1 个月但不满 1 年未与劳动者订立书面劳动合同的，应当向劳动者每月支付 2 倍的工资；
- 用人单位自用工之日起 1 年不与劳动者订立书面劳动合同的，视为用人单位与劳动者已订立无固定期限劳动合同。一旦订立无固定期限劳动合

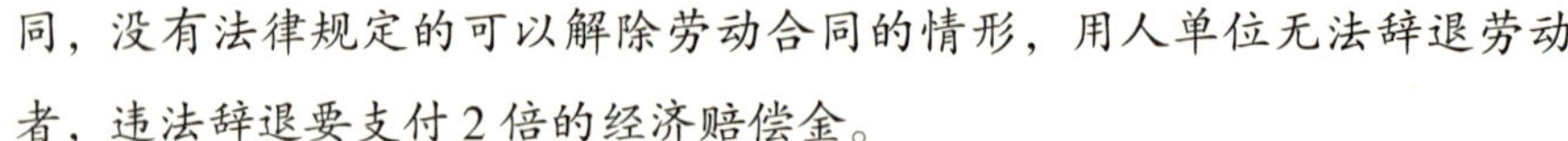

同，没有法律规定的可以解除劳动合同的情形，用人单位无法辞退劳动者，违法辞退要支付 2 倍的经济赔偿金。

2. 无固定期限劳动合同订立门槛大大降低

《劳动合同法》的立法目的就是鼓励用人单位与劳动者签订无固定期限劳动合同，避免劳动合同的短期化。

《劳动合同法》第十四条规定，用人单位与劳动者协商一致，可以签订无固定期限劳动合同。有下列情形之一，劳动者提出或同意续签劳动合同的，应当签订无固定期限劳动合同：

- 劳动者已在该用人单位连续工作满 10 年的；
- 用人单位初次实行劳动合同制度或者国有企业改制重新订立劳动合同时，劳动者在该用人单位连续工作满 10 年且距法定退休年龄不足 10 年的；
- 连续订立 2 次固定期限劳动合同，且劳动者没有本法第三十九条和第四十条第一项、第二项规定的情形，续订劳动合同的；
- 用人单位自用工之日起满 1 年不与劳动者订立书面劳动合同的，视为用人单位与劳动者已订立无固定期限劳动合同。

用人单位违反规定不与劳动者订立无固定期限劳动合同的，自应当订立无固定期限劳动合同之日起向劳动者每月支付 2 倍的工资。

实战经验分享

连续订立 2 次固定期限劳动合同，在第 3 次订立固定期限劳动合同时，只要劳动者同意签订无固定期限劳动合同，企业一般是没有选择权的。作为人力资源管理部门，在和员工第 2 次续签劳动合同时就要特别注意了，必须严加考察，争取员工聘用的主动权。

4.5 集体合同管理

集体合同，业界又称《集体协议》，是劳动者与用人单位根据法律法规的规定，就劳动报酬、工作时间、休息休假、劳动安全卫生、保险福利等事项在平等协商的基础上签订的书面协议。

集体合同是国家劳动基准法与个人劳动合同之间的桥梁和纽带，单个劳动合同的标准不得低于集体合同的规定标准。

集体合同与劳动合同的区别主要表现为以下几点。

1. 合同的主体不同

劳动合同的主体一方必然是单个劳动者，即自然人，另一方是用人单位；而集体合同主体一方形式上是工会或者是劳动者代表（集体推荐），另一方是用人单位。在行业性或地区性的集体合同中，一方是某一行业或区域的劳动者，另一方是某一个行业或地区内的用人单位。

2. 合同的内容不同

劳动合同的内容应符合《劳动合同法》上规定的必备条款，主要规定劳动者个人与用人单位的权利与义务；而集体合同的内容则比较灵活，其内容很多取决于用人单位与劳动者双方协商的结果，既可以涉及劳动关系的各个方面，也可以只涉及劳动关系的一个或者几个方面，如可以仅就劳动报酬或者劳动条件订立集体合同。

3. 合同的法律效力不同

劳动合同与集体合同对用人单位的约束力是相同的，但对劳动者来说，劳动合同只约束劳动者本人，而集体合同则对签订集体合同的全体劳动者均有效，并且集体合同的效力要高于劳动合同。

《劳动合同法》对集体合同规定如下：

- **第五十一条**　企业职工一方与用人单位通过平等协商，可以就劳动报酬、工作时间、休息休假、劳动安全卫生、保险福利等事项订立集体合同。集体合同草案应当提交职工代表大会或者全体职工讨论通过。

  集体合同由工会代表企业职工一方与用人单位订立；尚未建立工会的用人单位，由上级工会指导劳动者推举的代表与用人单位订立。
- **第五十二条**　企业职工一方与用人单位可以订立劳动安全卫生、女职工权益保护、工资调整机制等专项集体合同。
- **第五十三条**　在县级以下区域内，建筑业、采矿业、餐饮服务业等行业可以由工会与企业方面代表订立行业性集体合同，或者订立区域性集体合同。

- **第五十四条** 集体合同订立后，应当报送劳动行政部门；劳动行政部门自收到集体合同文本之日起十五日内未提出异议的，集体合同即行生效。

  依法订立的集体合同对用人单位和劳动者具有约束力。行业性、区域性集体合同对当地本行业、本区域的用人单位和劳动者具有约束力。

- **第五十五条** 集体合同中劳动报酬和劳动条件等标准不得低于当地人民政府规定的最低标准；用人单位与劳动者订立的劳动合同中劳动报酬和劳动条件等标准不得低于集体合同规定的标准。

- **第五十六条** 用人单位违反集体合同，侵犯职工劳动权益的，工会可以依法要求用人单位承担责任；因履行集体合同发生争议，经协商解决不成的，工会可以依法申请仲裁、提起诉讼。

4. 合同的订立程序不同

劳动合同经过劳动者与用人单位协商一致、依法订立即具有法律约束力；而集体合同的订立在程序上要严格得多，如集体合同草案应当提交职工代表大会或者全体职工讨论通过，集体合同签订后应当报送劳动行政部门，劳动行政部门自收到集体合同文本之日起 15 日内未提出异议的，集体合同即行生效。

5. 合同的期限不同

劳动合同的期限有固定期限、无固定期限、以完成一定任务为期限三种类型；而集体合同一般都是有固定期限的。

【经典案例 5】劳动合同与集体合同出现冲突如何处理？

案例介绍

庄某入职某公司担任销售人员，工作期间企业与工会签订了《集体合同》，该合同约定公司在年度盈利的前提下，所有员工每年年终可以获得第 13 个月的工资作为年终奖励。

到了年底，庄某由于在业务发展战略上与主管领导发生争执，该领导一气之下提出取消庄某第 13 个月的奖励资格。庄某与公司多次沟通未果，遂申请劳动仲裁，要求该公司支付其第 13 个月的工资。

仲裁期间庄某未能提供《集体合同》，仲裁机关未支持庄某的申请请求，庄某遂向当地法院提起诉讼。在法院审理期间，公司承认存在集体合同并且报送劳动部门备案，遂在法官要求下向法庭提供了集体合同，集体合同中奖励部分约定“本公司所有员工凡工作满一年，年底时可以领取第 13 个月的工资（不含提成）作为奖励，发放时间为次年一月”。但该公司领导认为，庄某是销售岗位，已经领取提成作为奖励，所以不能适用集体合同约定领取第 13 个月的工资，庄某与公司单独订立的劳动合同中没有第 13 个月工资的约定，因此不同意支付。

法院经审理后认为，依法签订的《集体合同》对企业和企业全体职工具有约束力。职工个人与企业订立的劳动合同中劳动条件和劳动报酬等标准不得低于集体合同的规定。庄某作为公司员工，理应适用集体合同的约定。同时集体合同中已经确定所发放的第 13 个月的工资不含提成，因此庄某作为销售人员，其工资中提成部分金额不应计算在第 13 个月的工资内。

最后，法院判令该公司向庄某支付第 13 个月的工资。

案例分析

劳动合同是劳动者个人与用人单位通过平等协商订立的，但形式上的平等无法改变劳动者实质上的不平等地位。因此，劳动合同的内容往往不能完全反映劳动者的意志。一般来说，《劳动合同法》所规定的劳动者的利益标准属于最低标准，按照这一标准对劳动者进行保护，只是法律所要求的最低水平。而通过订立集体合同，劳动者可以通过集体的力量与用人单位进行平等协商，能获得高于法定最低标准的利益保护，从而更好地维护劳动者的合法权益。

我国《劳动法》第三十五条规定，依法签订的集体合同对企业和企业全体职工具有约束力。职工个人与企业订立的劳动合同中劳动条件和劳动报酬等标准不得低于集体合同的规定。我国《劳动合同法》第五十五条规定，集体合同中劳动报酬和劳动条件等标准不得低于当地人民政府规定的最低标准；用人单位与劳动者订立的劳动合同中劳动报酬和劳动条件等标准不得低于集体合同规定的标准。因此，集体合同与劳动合同内容存在冲突时，应本着“就高不就低”的原则，以最大限度地保护劳动者利益为出发点。

实战经验分享

关于集体合同和劳动合同的关系必须弄清楚：

（1）集体合同的效力大于劳动合同

当劳动合同与集体合同发生冲突时，集体合同中更有利于劳动者的条款将被优先适用，这一点在上述案例中已经体现。

（2）集体合同不等于劳动合同

用人单位不能以集体合同替代劳动合同。若用人单位不与劳动者签订劳动合同，用人单位仍将面临“支付两倍工资”的处罚。因此签订集体合同不能成为用人单位逃避签订劳动合同的挡箭牌。

（3）集体合同必须送审否则效力为零

集体合同的签订不是终点。集体合同签订后，应当自双方首席代表签字之日起 10 日内，由用人单位一方将文本一式三份报送劳动保障行政部门审查。劳动保障行政部门对报送的集体合同应当办理登记手续并进行审查，不送审则不生效。

5 第五章 试用期管理——正式员工与试用期员工的差异

- 试用期员工有何特殊性?
- 试用期考核有何必要性?
- 试用期待遇包括哪些?

在阐述试用期之前，我们有必要认真研读《劳动合同法》关于试用期的关键规定条款和内容：

第十九条 劳动合同期限三个月以上不满一年的，试用期不得超过一个月；劳动合同期限一年以上不满三年的，试用期不得超过二个月；三年以上固定期限和无固定期限的劳动合同，试用期不得超过六个月。

同一用人单位与同一劳动者只能约定一次试用期。

以完成一定工作任务为期限的劳动合同或者劳动合同期限不满三个月的，不得约定试用期。

试用期包含在劳动合同期限内。劳动合同仅约定试用期的，试用期不成立，该期限为劳动合同期限。

第二十条 劳动者在试用期的工资不得低于本单位相同岗位最低档工资或者劳动合同约定工资的百分之八十，并不得低于用人单位所在地的最低工资标准。

第二十一条 在试用期中，除劳动者有本法第三十九条和第四十条第一项、第二项规定的情形外，用人单位不得解除劳动合同。用人单位在试用期解除劳动合同的，应当向劳动者说明理由。

上述关于员工试用期的规定，作为企业各级管理者必须掌握好。

5.1 试用期员工特殊性

很多企业管理者认为，对试用期员工工作不满意可以随意开除，这种管理思想是不正确的，在实践中会导致潜在的管理风险。试用期员工和正式员工的主要区别在于：

1. 薪酬待遇：按照《劳动合同法》的规定，试用期员工的工资不得低于同岗位最低档或劳动合同约定工资的 80%，并不得低于当地的最低工资标准。

2. 劳动补偿：试用期被证明不符合录用条件，企业可以解除劳动关系并且无须支付任何经济补偿。而正式员工通过了试用期，企业如果单方面提出解除劳动关系必须给予补偿。

除上述两点特殊性外，试用期内的劳动关系没有其他明显的特点，试用期的员工应该与其他员工一样享有同样的劳动保护和劳动条件等。

【经典案例 1】企业降低试用期员工工资，有何法律风险？

案例介绍

小陆是应届大学毕业生，毕业后成功应聘一家企业工作，双方签订了为期 3 年的固定期限劳动合同，并约定了 6 个月的试用期。劳动合同中约定小陆的转正工资为 4000 元，但在试用期的工资为 1500 元。为此，小陆多次与企业人力资源部沟通但得到的答复都是企业一直是这样做的，并且和小陆说只要努力工作，3 个月后工资就自然会升到 4000 元。小陆不服，遂向当地仲裁机构提起申诉，要求企业给自己试用期的待遇至少是 3200 元。当地仲裁机关支持了这个申诉，要求企业补足差额。

案例分析

该案例在职场上很典型，特别是在小企业中并不少见，很多用人单位考虑新入职员工工作能力有限并且流动率比较高，不太愿意在试用期内付出较高的工资待遇，给新员工的待遇都很低。事实上，企业这种降低试用期工资的做法存在法律风险，用人单位可能不仅仅需要补足差额，如果劳动行政部门责令支付差额而逾期未支付的，还要支付赔偿金。

《劳动合同法》第八十五条第一项规定，如果未按照劳动合同的约定或者国家规定及时足额支付劳动者劳动报酬的，由劳动行政部门责令限期支付，逾期不支付的，责令用人单位按应付金额50%以上100%以下的标准向劳动者加付赔偿金。该规定也适用于用人单位降低试用期工资的情形。

《劳动合同法》第二十条规定，劳动者在试用期的工资不得低于本单位相同岗位最低档工资或者劳动合同约定工资的80%，并不得低于用人单位所在地的最低工资标准。

《劳动合同法实施条例》第十五条进一步明确，劳动者在试用期的工资不得低于本单位相同岗位最低档工资的80%或者不得低于劳动合同约定工资的80%，并不得低于用人单位所在地的最低工资标准。

实战经验分享

不要因为新员工在试用期表现出色而擅自提高转正工资的标准，最好的方式是在转正后经过严格考核，过一定时间后再实施。因为劳动者在试用期可以根据转正后的工资倒推试用期工资，如果约定不明确，一旦计算后发现试用期工资低于正式期工资的80%，员工有权以此为依据提起劳动仲裁，要求补发试用期工资。

5.2 试用期考核必要性

所谓试用期，习惯上我们又叫适应期或者考察期，是指用人单位和劳动者为相互了解而在劳动合同中约定的不超过6个月的考察期。

约定试用期的核心目的是让劳动者和用人单位相互考察和认可，以决定双方是否建立劳动关系，约定试用期是企业验证员工是否符合岗位要求的过程。

我国《劳动合同法》第十九条规定："劳动合同期限三个月以上不满一年的，试用期不得超过一个月；劳动合同期限一年以上不满三年的，试用期不得超过二个月；三年以上固定期限和无固定期限的劳动合同，试用期不得超过六个月。同一用人单位与同一劳动者只能约定一次试用期……"

劳动合同中的试用期应由用人单位和劳动者双方平等协商约定，试用期最长不得超过6个月，此外，试用期包括在劳动合同期限内而不是单独计算。

相同岗位试用期只能约定一次，也就是说，对工作岗位没有发生变化的劳动者只能有一次试用期。如果劳动者改变工种的可以重新约定试用期，不改变工种的则不能再约定试用期。

此外，试用期不得无故延长：劳动者对用人单位不满意或认为不适合岗位工作，可以解除劳动合同，用人单位在试用期内发现劳动者不符合录用条件，也可以解除劳动合同，而不能延长试用期继续进行考察。

实战经验分享

试用期延长可采用内部控制方法，如企业可统一规定和新员工采用试用期 6 个月（签订合同 3 年）的方式，试用期 3 个月时进行试用期考核，考核成绩优秀的提前转正，考核成绩一般的试用期内部延长到 5 个月后再进行考核，根据考核结果确定是否转正。

通过岗位任职资格，提炼出有效的岗位录用条件信息，最终落实到《新员工试用期考核表》中，具体参见表 5-1。

表 5-1　新员工试用期考核表

新员工姓名				
身份证号				
试用期	自　　年　　月　　日到　　年　　月　　日			
所在部门				
直接领导				
试用期考核指标	考核指标	权重	目标值	评分计算方式
试用期考核成绩与对应薪酬调整	提示：这部分规定内容非常关键，企业要明确考核结果与转正薪酬的关系。举例如下： （1）试用期考核 100 分以上转正后薪酬上浮 20%； （2）试用期考核 80—99 分转正后薪酬不变； （3）试用期考核 70—79 分转正后薪酬为约定薪酬的 90%； （4）试用期考核 60—69 分转正后薪酬为约定薪酬的 70%； （5）试用期考核 60 分以下解除劳动关系并且无须补偿			

续表

员工承诺 （签字）	本人已经认真阅读《新员工试用期考核表》各项考核指标，在此签字并郑重承诺，本人同意公司按照“试用期考核成绩与对应薪酬调整”的规定调整转正后的薪酬 新员工（签字 / 日期）

新员工试用期考核是员工提前转正、延期转正乃至试用期解聘的关键依据，为了确保考核客观公正，考核指标应采用企业正规化的绩效考核体系来确定。

新员工试用期考核和录用条件的关系是：通过具体考核指标来证明是否符合录用条件，通过新员工承诺的和录用条件相关的考核指标，最终达到招聘后续考察的目的。

以销售人员的试用期考核为例，参考范例如表 5–2 所示：

表 5–2　销售新员工试用期考核表

新员工姓名				
身份证号				
试用期	自　　年　月　日到　　年　月　日			
所在部门				
直接领导				
试用期考核指标	考核指标	权重	目标值	评分计算方式
	销售额	50%	××× 万元	销售额 ××× 万元，按照实际完成比例评分（超额完成任务按照超额比例计算，本项评分最高 60 分）
	客户关系	15%	——	完成负责销售区域客户关系建设
	管理规范	15%	——	严格遵循公司销售管理规范，发现不规范严重的每次扣 3 分，一般情况扣 1 分
	日常考勤	10%		违反考勤纪律每次扣 3 分
	劳动纪律	10%		违反公司劳动纪律每次扣 3 分
	……	……	……	……
试用期考核成绩与对应薪酬调整	• 试用期考核成绩 90 分以上：合格 • 试用期考核 80—89 分：转正后薪酬为试用期薪酬的 90% • 试用期考核 70—79 分：转正后薪酬为试用期薪酬的 80% • 试用期考核 60—69 分：转正后薪酬为试用期薪酬的 70% • 试用期考核 59 分以下：视同不符合录用条件试用期解聘			

续表

员工承诺（签字）	本人已经认真阅读《销售新员工试用期考核表》各项考核指标，在此签字并郑重承诺，本人同意公司按照“试用期考核成绩与对应薪酬调整”的规定调整转正后的薪酬。 新员工（签字 / 日期）

备注：上述范例仅供参考，请根据企业实际情况进行完善后使用。

人力资源要规范不同岗位的试用期考核管理规范，确保企业范围内不同岗位的试用期考核标准统一。

实战经验分享

1. 通过《新员工试用期考核表》可有效控制个人贡献与薪酬待遇不匹配的现象，试用期内有效考核是使得高价招聘人员价值合理回归的关键举措；

2. 很多企业在新员工试用期采用和普通员工一样的考核方法，对于表现良好的员工风险不大，但是对于表现较差的试用期员工要高度关注，一旦发现能力较差的情况，要及时采用《试用期考核表》或者工作任务书等方式单独进行考核，并保留相关考核证据，防止出现劳动纠纷。

5.3 试用期待遇

基本养老保险、基本医疗保险、工伤保险、失业保险、生育保险属于《社会保险法》规定的保障性待遇，即只要属于用人单位职工，用人单位就应当缴纳相应的费用。

其中的“职工”是指与用人单位存在劳动关系的劳动者。《劳动合同法》第七条规定：“用人单位自用工之日起即与劳动者建立劳动关系……”所以决定了试用期内员工与用人单位之间照样存在劳动关系，用人单位自然不能拿试用期说事。

有个别企业为了降低薪酬成本，在新员工试用期不为其办理社保和公积金，或者采用变换手法，如以直接给员工经济补偿的方式逃避缴纳社保，这种做法明显是违法的。

【经典案例 2】公司可以不为试用期员工缴纳社保吗？

案例介绍

常某经过面试被一家公司录用，公司口头通知他尽快到公司报到，同时告知他试用期 3 个月，试用期月工资 4000 元，转正后 5000 元，只有试用期合格后才能签订劳动合同。公司为了降低社会保险费用，在试用期迫使常某签订了社保补偿协议，公司每月给常某额外支付 500 元作为社保补偿。

常某入职 2 个多月后发现老板经常辱骂自己、严重损害个人尊严，遂提出辞职，同时要求公司支付经济补偿但是遭到公司拒绝（公司认为常某是在试用期内辞职的，没有权利和法律依据要求各项待遇）。常某向当地劳动人事争议仲裁院提起申诉，以公司没有及时和自己签订劳动合同为由要求公司支付双倍工资，同时要求公司给自己补缴社会保险。

案例分析

仲裁委经审理后认为：

1.《劳动合同法》第十九条第四款规定，试用期包含在劳动合同期限内。公司与常某没有订立劳动合同，试用期当然也就不能存在，但常某与公司形成了事实劳动关系，根据《劳动合同法》第八十二条的规定，用人单位自用工之日起超过 1 个月不满 1 年未与劳动者订立书面劳动合同的，应当向劳动者每月支付 2 倍的工资。因此，常某主张 4000 元的双倍工资差额部分是有法律依据的。

2.《劳动法》第七十二条规定，“用人单位和劳动者必须依法参加社会保险，缴纳社会保险费”，也就是说，企业与劳动者一旦确立劳动关系，用人单位就应当依法为劳动者缴纳社会保险费。公司没有为常某缴纳社会保险费，常某要求支付损失，根据《最高人民法院关于审理劳动争议案件适用法律问题的解释（一）》第一条的规定，劳动者以用人单位未为其办理社会保险手续，且社会保险经办机构不能补办导致其无法享受社会保险待遇为由，要求用人单位赔偿损失而发生争议的，属于劳动争议，当事人不服劳动争议仲裁机构作出的裁决，依法提起诉讼的，人民法院应予受理。常某的请求应当得到支持，企业在试用期迫使常某签订的社保补偿协议是无效的。

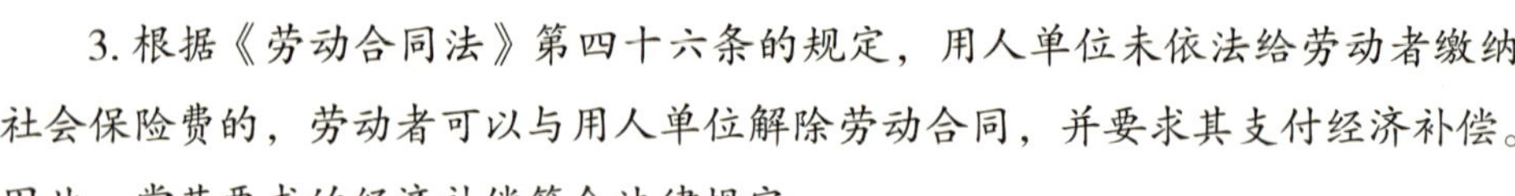

3. 根据《劳动合同法》第四十六条的规定，用人单位未依法给劳动者缴纳社会保险费的，劳动者可以与用人单位解除劳动合同，并要求其支付经济补偿。因此，常某要求的经济补偿符合法律规定。

实战经验分享

用人单位和劳动者必须依法参加社会保险缴纳社会保险费，也就是说，企业与劳动者一旦确立劳动关系，用人单位就应当依法为劳动者缴纳社会保险费。用人单位如果改变方式回避缴纳社会保险费，这种方式是无效的。

6 第六章 员工转正管理——避免转正审批的随意性

- 员工转正管理的核心价值在哪?
- 转正审批流程如何设计更有效?
- 转正通知应如何发放会更有效?

试用期员工转正管理是一个必要的把控环节，如果试用期转正管理过于随意，企业会失去即时解除不符合录用条件员工的机会，更重要的是不符合录用条件的员工一旦转为正式员工，企业采用协商解除劳动合同就要承担经济补偿责任。

6.1 转正审批流程

新员工试用期即将结束时，企业必须对新员工试用期表现（包括实施规范的考核）进行评定，最终确定是否同意按期转正，此时需要进行转正审批程序。

新员工试用期考核后，要走正式转正流程，典型转正流程如图 6-1 所示。

1. 新员工试用期考核

人力资源部在新员工结束试用期前应提前 10—15 天通知用人部门做新员工试用期考核，并把考核结果提交人力资源部。可以采用表单配套落地的形式进行评价，关于《新员工试用期考核成绩确认表》如表 6-1 所示。

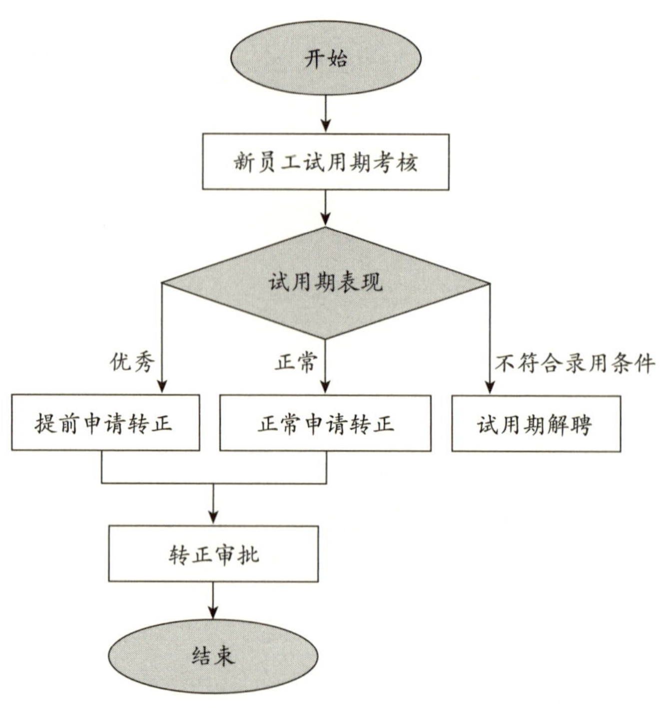

图 6-1　试用期转正流程

表 6-1　新员工试用期考核成绩确认表

新员工姓名					
身份证号					
试用期	自　　年　　月　　日到　　年　　月　　日				
所在部门					
直接领导					
试用期考核指标	考核指标	权重	评分计算方式	试用期考核结果自评	自评分数
试用期考核成绩（自评）					

续表

新员工确认	新员工（签字 / 日期）：
直接主管复核	□新员工自评 □新员工自评成绩 直接主管（签字 / 日期）：
人力资源部审核	绩效主管（签字 / 日期）：

《新员工试用期考核成绩确认表》中的试用期考核指标来自新员工签字确认的《新员工试用期考核表》，这个表单需要新员工自评签字后提交主管审核，最终提交人力资源部存档备案。

不同类型员工试用期考核指标是不同的，如果员工主管对新员工自评成绩不认可，需要做试用期绩效沟通直到达成共识。

2. 试用期转正类型

试用期员工转正主要有以下几种类型：

- 提前转正：业务部门评价优秀的试用期员工可以提前转正，但是需要注意的关键问题是人力资源部要严控提前转正，需要用人部门提供证据说明提前转正的原因。原因在于当员工处于试用期时，如果不符合录用条件企业是掌握主动权的；如果员工提前转正，那么一旦解除劳动合同的话，企业就要承担相应的经济补偿。
- 正常转正：人力资源部应在新员工试用期期满前至少提前 7 个工作日内，组织对新员工进行试用期的考核，用人部门应在新员工试用期期满之前至少 3 个工作日内作出考核结论，并将书面考核材料提交给人力资源部。

对于未通过试用期考核的员工：人力资源部凭《转正审批表》中部门负责人及主管领导出具的不符合录用条件的结论，应在新员工试用期期满前至少 2—5 个工作日与员工面谈，并做谈话记录，按照《劳动合同》的约定解除劳动合同。

此外，试用期员工转正与否，要根据试用期员工的评价为依据并根据考核级别分类处理，表现越优秀的新员工越要提高转正效率。

- 表现优秀：提前转正，或者走公司内部人才快速审批的绿色通道；

• 表现一般：可以组织转正答辩会议，集体决策；

• 表现较差：试用期直接解聘。

3. 转正审批

人力资源部针对试用期考核结果进行分析，如果试用期考核合格则通知员工本人准备填写《员工转正审批表》（参考表 6–2）。

试用期员工接到通知后，应填写好《员工转正审批表》中的相关内容，之后按照企业规定走正式审批流程，审批通过后，人力资源部发出正式的转正通知书。

表 6–2 员工转正审批表

<table>
<tr><td>新员工姓名</td><td></td><td>身份证号</td><td></td></tr>
<tr><td>职位</td><td></td><td>部　门</td><td></td></tr>
<tr><td>试用期</td><td colspan="3">自　　年　　月　　日到　　年　　月　　日</td></tr>
<tr><td>试用期工作总结
（新员工填写）</td><td colspan="3"></td></tr>
<tr><td>对公司或部门工作意见或建议</td><td colspan="3"></td></tr>
<tr><td>导师意见</td><td colspan="3">工作完成情况：

考核结果：□ A- 表现优秀　□ B- 表现一般　□ C- 表现较差</td></tr>
<tr><td>主管考评</td><td colspan="3">试用期考核成绩（来自《新员工试用期考核成绩确认表》）：

考评结果：□按期转正　□解聘　□提前转正

直接主管（签字 / 日期）</td></tr>
<tr><td>人力资源部
审核意见</td><td colspan="3">人力资源总监（签字 / 日期）</td></tr>
<tr><td>各级领导
审批栏</td><td colspan="3">（请根据审批流程完善）</td></tr>
</table>

续表

人力资源部 后续跟踪服务	□已发转正通知 □试用期直接解聘 招聘主管（签字 / 日期）

【经典案例】员工转正审批流程如何设计才有效?

案例介绍

雷先生是某家企业通过猎头“挖”来的销售总监，试用期取得一定的业绩，由于销售业绩滞后效应，实际业绩距离领导的期望还有差距。眼看试用期就要结束了，老板在他的转正态度上非常不明朗，人力资源部无所适从。

雷先生感觉公司不够重视他，再次跳槽到竞争对手公司任职，不到半年就做出了非常优秀的销售业绩，从此成为上家公司的有力竞争对手。上家公司的老板后悔不已。

案例分析

试用期员工转正必须和试用期考核结果挂钩，要注意对考核结果与转正模式选择规范化管理思路。

实战经验分享

转正流程体现的不仅仅是及时对人才的认可，更重要的是体现公司对人才的尊重程度。如果对于表现优秀的人才在转正方面犹豫不决，就会错失人才；反之对于表现不佳的试用期员工，必须采用严格的转正流程。

6.2　转正通知发放

当新员工通过试用期考核并完成转正审批后，人力资源部需要在员工转正之前发送转正通知书，将转正信息告知员工，转正通知书可参考表 6-3 的内容：

表 6–3　员工转正通知书

尊敬的________先生 / 女士： 我们很高兴通知您：鉴于您试用期优异的表现，经公司人力资源部组织讨论并确认，您已经顺利通过公司试用期考核，将于______年____月____日正式转正，希望您再接再厉，取得更加优异的业绩。 特此通知！ 人力资源部 年　　月　　日

转正通知发给新员工后，新员工就成为企业正式员工。业界有的企业中比较好的做法是召开新员工转正欢迎会，作为员工主管的领导提出殷切希望，同事也向新员工提出善意的工作意见或建议，上述做法可充分体现企业文化管理要求，同时可以增强员工对企业的认同感与归属感。

第三篇

劳动合同履行和变更

7 第七章 劳动保护——企业的法定义务

- 工伤如何管理更有效?
- 职业病应如何来管理?
- 女职工有何特殊保护?
- 劳动安全保护如何做?

《劳动合同法》第三十二条规定："劳动者拒绝用人单位管理人员违章指挥、强令冒险作业的，不视为违反劳动合同。劳动者对危害生命安全和身体健康的劳动条件，有权对用人单位提出批评、检举和控告。"

作为企业，依法做好劳动者劳动保护，是应尽的法律义务。

7.1 工伤管理

工伤认定是劳动行政部门依据法律的授权对职工因事故伤害（或者患职业病）是否属于工伤或者视同工伤给予定性的行政确认行为。《工伤保险条例》中有以下关键条款：

第十四条 职工有下列情形之一的，应当认定为工伤：

（一）在工作时间和工作场所内，因工作原因受到事故伤害的；

（二）工作时间前后在工作场所内，从事与工作有关的预备性或者收尾性工作受到事故伤害的；

（三）在工作时间和工作场所内，因履行工作职责受到暴力等意外伤害的；

（四）患职业病的；

（五）因工外出期间，由于工作原因受到伤害或者发生事故下落不明的；

（六）在上下班途中，受到非本人主要责任的交通事故或者城市轨道交通、客运轮渡、火车事故伤害的；

（七）法律、行政法规规定应当认定为工伤的其他情形。

第十五条 职工有下列情形之一的，视同工伤：

（一）在工作时间和工作岗位，突发疾病死亡或者在48小时之内经抢救无效死亡的；

（二）在抢险救灾等维护国家利益、公共利益活动中受到伤害的；

（三）职工原在军队服役，因战、因公负伤致残，已取得革命伤残军人证，到用人单位后旧伤复发的。

职工有前款第（一）项、第（二）项情形的，按照本条例的有关规定享受工伤保险待遇；职工有前款第（三）项情形的，按照本条例的有关规定享受除一次性伤残补助金以外的工伤保险待遇。

第十六条 职工符合本条例第十四条、第十五条的规定，但是有下列情形之一的，不得认定为工伤或者视同工伤：

（一）故意犯罪的；

（二）醉酒或者吸毒的；

（三）自残或者自杀的。

【经典案例1】上班时间上厕所发生意外能否认定为工伤？

案例介绍

何某是一名工人，上班时间何某去厕所时被同事发现其仰面倒在厕所地面上，不省人事。厂方立即将他送到附近医院抢救，最终何某因抢救无效死亡。

由于厂方没有提起伤亡性质认定，何某的父亲向所在区劳动和社会保障局申请伤亡性质认定。

案例分析

本案的争议焦点是上班时间上厕所与本职工作有无关系。根据劳动法的规定，劳动者享有“获得劳动安全卫生保护”的权利，“上厕所”是人的自然生理现象，根据法律的规定，即使劳动者在上下班时间、上下班必经路途中，发生不属于劳动者本人主要责任的意外事故，都应当确定为比照因工伤亡来处理，因此何某的情况也应认定为工伤。

【经典案例 2】集体春游期间发生意外能否认定为工伤？

案例介绍

某银行储蓄科在科长带领下集体到某景区春游。当车行至高速公路时，因躲避前方标志，与右护栏相撞，造成 3 人重伤，1 人轻伤的交通事故。李某受重伤，骨盆、右髋关节等多部位骨折、挫裂伤。李某向当地所在区劳动局申请工伤认定，区劳动局调查后认为李某不符合工伤认定条件。所在区法院经审理后也认为，该出游活动不具备公务性质，遂判决维持区劳动局的认定。

李某不服一审判决，提起上诉。二审法院判决，要求当地劳动局应对受伤职工李某作出工伤认定。

案例分析

李某在此次交通事故中受重伤是不争的事实。本案的争议焦点是：集体外出春游是不是公务活动？

本案中由科长带队集体春游显然不是其职工李某与他人相约外出春游的私人行为，系集体活动，是其工作的外延，属于公务活动，可以认定为工伤。

7.2 职业病管理

职业病是指企业、事业单位和个体经济组织等用人单位的劳动者在职业活动中，因接触粉尘、放射性物质和其他有毒、有害物质等因素而引起的疾病。

各国法律都有对于职业病预防方面的规定，一般来说，符合法律规定的疾病才能称为职业病。

劳动者在生产劳动中，接触生产中使用或产生的有毒化学物质、粉尘气雾、异常的气象条件、高低气压、噪声、振动、微波、X 射线、Y 射线、细菌、霉菌，长期强迫体位操作，局部组织器官持续受压等均可引起职业病，一般将这类职业病称为广义的职业病。对其中某些危害性较大，诊断标准明确，结合国情，由政府有关部门审定公布的职业病，称为狭义的职业病，或称法定（规定）职业病。

1. 职业病的预防

企业对可能产生职业病危害的新建、扩建、改建建设项目或技术改造、技术引进项目，应依法进行职业病危害预评价和控制效果评价，经卫生行政部门审核、审查、竣工验收，用职业卫生的防护设施来控制并消除生产性有害因素对健康的影响。对劳动生产过程中存在的职业病危害因素，企业应对组织管理措施、设备技术措施和个人卫生防护、保健措施等进行综合治理，可以从以下几个方面注意职业病的预防：

（1）组织管理措施

根据国家法律法规及条例、企业生产规范和标准，结合企业具体情况，有计划、有重点地开展职业卫生工作，并将职业病防治工作纳入议事日程，制订职业安全卫生管理制度、操作规程、有关职业卫生防护办法和应急救援方案。

此外，企业还要开展职业卫生的培训和宣传，加强职业卫生工作检查，切实做到安全生产、文明生产，积极维护广大员工的合法健康权。

（2）设备技术措施

技术改造可有效防范一些职业病的发生。例如：

- 改革工艺：从企业生产工艺上改革、消除或控制生产劳动中的职业病危害因素是有效的预防措施，如可用低毒或无毒的原料代替有毒或高毒的原料，用机械遥控操作代替人工操作等。
- 隔离密闭：对尘毒等有毒、有害因素的设备或作业，应采取隔离的原则，使污染源不扩散，有些设备要加强密闭，控制跑、冒、滴、漏等。
- 通风排毒：企业应对发生尘毒的工作场所设置通风装置，排除尘毒。对排除的尘毒必须净化、中和或过滤，防止周围环境污染。有高温辐射热的工作场所要做好隔热及通风降温。一切通风设施事先应合理设计，并保持日常的维修保养。

（3）卫生防护、保健措施

- 开展健康监护：为了全面掌握职工健康状况，企业必须建立职业健康监护档案。按照国家规定进行职业健康体检，在早期发现职工的健康改变和职业禁忌，对健康受损害的职工要早期治疗，对有职业禁忌的职工应调离原工作岗位予以妥善安排。这是职业卫生和预防职业病的重要手段。
- 加强危害因素监测：企业应当安排专人负责职业病危害因素的日常监测，制定监测管理制度，按照国家的规定定期对工作场所职业病危害因素进行检测、评价，了解工作场所职业病危害程度和防护设备的效果是否符合国家职业卫生标准。对发现的问题、不符合国家职业卫生标准的岗位及隐患应制订整改计划，按时完成整改。
- 做好个人防护：正确使用个人防护设备是预防职业病的有效措施之一，常见防护设备包括防毒面具、防毒口罩、防护眼镜、手套等，还有防护皮肤损伤用的皮肤防护膏，防辐射热的防热服，在有酸、碱等腐蚀性物质处应设置冲洗设备等。在易发生急性职业中毒事故的岗位应配备防护用具、医疗药械等。

2. 职业病的诊断

企业应当组织从事接触职业病危害作业的劳动者进行职业健康检查，对需要复查和医学观察的劳动者，应当按照体检机构要求的时间，安排其复查和医学观察。

对遭受或者可能遭受急性职业病危害的劳动者，应当及时组织起来进行健康检查和医学观察。

职业健康检查应当根据所接触的职业危害因素类别来确定检查项目和检查周期，需复查时可根据复查要求相应增加检查项目。

3. 职业病的鉴定

通常，职业病鉴定有以下几个步骤。

（1）申请：当事人向作出诊断的医疗卫生机构所在地政府卫生行政部门提出鉴定申请，鉴定申请需提供的材料包括鉴定申请书、职业病诊断病历记录、诊断证明书以及鉴定委员会要求提供的其他材料。

（2）审核：职业病诊断鉴定办事机构收到当事人的鉴定申请后，要对其提供的与鉴定有关的资料进行审核，看有关材料是否齐备、有效。职业病诊断鉴定办事机构应当自收到申请资料之日起 10 日内完成材料审核，对材料齐全的发出受理通知书；对材料不全的，通知当事人进行补充，必要时由第三方对患者进行体检或提取相关现场证据。当事人应当按照鉴定委员会的要求，予以配合。

（3）组织鉴定：参加职业病诊断鉴定的专家，由申请鉴定的当事人在职业病诊断鉴定办事机构的主持下，从专家库中以随机抽取的方式确定，当事人也可以委托职业病诊断鉴定办事机构抽取专家，组成职业病鉴定委员会，鉴定委员会通过审阅鉴定资料，综合分析，作出鉴定结论，鉴定意见不一致时，应当予以注明。

（4）鉴定书：鉴定书的内容应当包括被鉴定人的职业接触史；作业场所监测数据和有关检查资料等一般情况；当事人对职业病诊断的主要争议以及鉴定结论和鉴定时间。鉴定书必须由所有参加鉴定的成员共同签署，并加盖鉴定委员会公章。

7.3 女职工特殊保护

《中华人民共和国妇女权益保障法》（以下简称《妇女权益保障法》）第五章“劳动和社会保障权益”对于妇女“三期”（孕期、产期、哺乳期）有特别规定：

第四十一条 国家保障妇女享有与男子平等的劳动权利和社会保障权利。

第四十二条 各级人民政府和有关部门应当完善就业保障政策措施，防止和纠正就业性别歧视，为妇女创造公平的就业创业环境，为就业困难的妇女提供必要的扶持和援助。

第四十三条 用人单位在招录（聘）过程中，除国家另有规定外，不得实施下列行为：

（一）限定为男性或者规定男性优先；

（二）除个人基本信息外，进一步询问或者调查女性求职者的婚育情况；

（三）将妊娠测试作为入职体检项目；

（四）将限制结婚、生育或者婚姻、生育状况作为录（聘）用条件；

（五）其他以性别为由拒绝录（聘）用妇女或者差别化地提高对妇女录（聘）用标准的行为。

第四十四条　用人单位在录（聘）用女职工时，应当依法与其签订劳动（聘用）合同或者服务协议，劳动（聘用）合同或者服务协议中应当具备女职工特殊保护条款，并不得规定限制女职工结婚、生育等内容。

职工一方与用人单位订立的集体合同中应当包含男女平等和女职工权益保护相关内容，也可以就相关内容制定专章、附件或者单独订立女职工权益保护专项集体合同。

第四十五条　实行男女同工同酬。妇女在享受福利待遇方面享有与男子平等的权利。

第四十六条　在晋职、晋级、评聘专业技术职称和职务、培训等方面，应当坚持男女平等的原则，不得歧视妇女。

第四十七条　用人单位应当根据妇女的特点，依法保护妇女在工作和劳动时的安全、健康以及休息的权利。

妇女在经期、孕期、产期、哺乳期受特殊保护。

第四十八条　用人单位不得因结婚、怀孕、产假、哺乳等情形，降低女职工的工资和福利待遇，限制女职工晋职、晋级、评聘专业技术职称和职务，辞退女职工，单方解除劳动（聘用）合同或者服务协议。

女职工在怀孕以及依法享受产假期间，劳动（聘用）合同或者服务协议期满的，劳动（聘用）合同或者服务协议期限自动延续至产假结束。但是，用人单位依法解除、终止劳动（聘用）合同、服务协议，或者女职工依法要求解除、终止劳动（聘用）合同、服务协议的除外。

用人单位在执行国家退休制度时，不得以性别为由歧视妇女。

第四十九条　人力资源和社会保障部门应当将招聘、录取、晋职、晋级、评聘专业技术职称和职务、培训、辞退等过程中的性别歧视行为纳入劳动保障监察范围。

第五十条　国家发展社会保障事业，保障妇女享有社会保险、社会救助和社会福利等权益。

国家提倡和鼓励为帮助妇女而开展的社会公益活动。

第五十一条　国家实行生育保险制度，建立健全婴幼儿托育服务等与生育相关的其他保障制度。

国家建立健全职工生育休假制度，保障孕产期女职工依法享有休息休假权益。

地方各级人民政府和有关部门应当按照国家有关规定，为符合条件的困难妇女提供必要的生育救助。

第五十二条 各级人民政府和有关部门应当采取必要措施，加强贫困妇女、老龄妇女、残疾妇女等困难妇女的权益保障，按照有关规定为其提供生活帮扶、就业创业支持等关爱服务。

女职工禁忌从事的劳动范围见表 7-1 所示。

表 7-1 女职工禁忌从事的劳动范围

女职工禁忌从事的劳动范围
矿山井下作业
体力劳动强度分级标准中规定的第四级体力劳动强度的作业
每小时负重 6 次以上、每次负重超过 20 公斤的作业，或者间断负重、每次负重超过 25 公斤的作业
女职工在经期禁忌从事的劳动范围
冷水作业分级标准中规定的第二级、第三级、第四级冷水作业
低温作业分级标准中规定的第二级、第三级、第四级低温作业
体力劳动强度分级标准中规定的第三级、第四级体力劳动强度的作业
高处作业分级标准中规定的第三级、第四级高处作业
女职工在孕期禁忌从事的劳动范围
作业场所空气中铅及其化合物、汞及其化合物、苯、镉、铍、砷、氰化物、氮氧化物、一氧化碳、二硫化碳、氯、己内酰胺、氯丁二烯、氯乙烯、环氧乙烷、苯胺、甲醛等有毒物质浓度超过国家职业卫生标准的作业
从事抗癌药物、己烯雌酚生产，接触麻醉剂气体等的作业
非密封源放射性物质的操作，核事故与放射事故的应急处置
高处作业分级标准中规定的高处作业
冷水作业分级标准中规定的冷水作业
低温作业分级标准中规定的低温作业
高温作业分级标准中规定的第三级、第四级的作业
噪声作业分级标准中规定的第三级、第四级的作业
体力劳动强度分级标准中规定的第三级、第四级体力劳动强度的作业
在密闭空间、高压室作业或者潜水作业，伴有强烈振动的作业，或者需要频繁弯腰、攀高、下蹲的作业

续表

女职工在哺乳期禁忌从事的劳动范围
孕期禁忌从事的劳动范围的第一项、第三项、第九项
作业场所空气中锰、氟、溴、甲醇、有机磷化合物、有机氯化合物等有毒物质浓度超过国家职业卫生标准的作业

《妇女权益保障法》及《女职工劳动保护特别规定》是企业各级管理者必须认真学习的，一旦违法后患无穷。

7.4 劳动安全保护

劳动保护是指国家为了保护劳动者在生产过程中的安全与健康，改善劳动条件、消除事故隐患、预防事故和职业危害、实现劳逸结合和女职工保护等方面，在法律、组织、制度、技术、设备、教育培训等方面采取的一系列综合措施。

企业在劳动者从事劳动期间提供劳动保护是其应尽的义务，企业制定内部规章制度时，需要同步制定《劳动安全管理规定》作为内部管理的依据。

实战经验分享

《劳动法》第九十二条规定："用人单位的劳动安全设施和劳动卫生条件不符合国家规定或者未向劳动者提供必要的劳动防护用品和劳动保护设施的，由劳动行政部门或者有关部门责令改正，可以处以罚款；情节严重的，提请县级以上人民政府决定责令停产整顿；对事故隐患不采取措施，致使发生重大事故，造成劳动者生命和财产损失的，对责任人员依照刑法有关规定追究刑事责任。"

《劳动法》第九十五条规定："用人单位违反本法对女职工和未成年工的保护规定，侵害其合法权益的，由劳动行政部门责令改正，处以罚款；对女职工或者未成年工造成损害的，应当承担赔偿责任。"

8 第八章 调岗调薪——异动管理的把控

- 调岗如何有效管理?
- 上调薪酬如何管理?
- 下调薪酬如何处理?

8.1 调岗如何有效管理

员工岗位调整是指平级变动组织内部员工的工作岗位或工作现场。员工岗位调整是组织根据实际需要，调整各岗位员工的余缺，将职工从原来的职位上调离到新的岗位任职。岗位调整的同时多数情况下伴随着薪酬的调整。

有如下情形，员工可能调整到其他岗位：

- 员工的业绩表现良好；
- 由于员工表现不佳导致员工在业绩评估中被评估为不合格；
- 由于公司内部结构变化，需调派员工到其他职位工作；
- 双方共同协商的结果；
- 员工所在部门取消等。

A. 晋升：指的是由于员工的能力与表现良好以及因公司需要而发生的员工职位或级别被提高的职位变动。

- 公司对于晋升的政策是，只要有可能的职位，并且员工能符合要求，公司将提供提升机会。对于部门经理推荐的员工提升，由部门经理填写《员工异动审批表》(对于员工个人提出的晋升申请，由员工个人填写《员工异动审批表》)，经主管经理批准后方可生效。

实战经验分享

员工的晋升一般有1个月至3个月的考察期，应明确考核指标，避免职位“能上不能下”的问题。

- 如员工不适合新职位，经部门经理或主管提出，员工将被安排回原岗位或类似职位。
- 员工获得晋升时，其薪资水平将相应提高。因不适合新职位而被安排回原岗位的，其薪资将恢复到晋升前的水平。

B. 降职：指的是由于员工的能力与表现不符合现有岗位要求，或由于其他原因而发生的员工职位或级别被降低的职位变动。

- 提议员工降职的，部门经理需填写《员工异动审批表》并交人力资源部，经主管批准后方可生效。
- 部门应同时安排与员工的面谈以作出说明，指出不足和期望，降职的同时降低薪资水平。

C. 平级调整：指的是由本人要求或公司安排而作出的员工在部门内或部门之间的职位变动，部门内变化通常没有职位或级别的升降。当有合适的空缺时，任何员工都有资格提出申请，需要时，人力资源部会发出通知。

- 对于部门之内的平级调动，可由部门经理和主管领导决定，并通知人力资源部填写《员工异动审批表》。
- 对于跨部门的平级调动，员工须填写《员工异动审批表》，并呈交人力资源部，由人力资源部与有关部门联系协调，如有需要，将安排员工与原部门和申请部门的负责人面谈。《员工异动审批表》需经转入和转出部门的负责人分别签字后平级调动才能生效。

内部调动生效后，人力资源部将员工异动审批结果通知书送交内部调动的员工；被调职员工签收通知，一式两份，签字后存档，作为劳动合同附件。

如员工不适合新职位，则经部门经理提出，主管领导批准，员工可能被安排至原岗位或类似职位。

员工异动审批表参考表格如表8-1所示：

表 8-1　员工异动审批表

员工姓名			员　工　号	
入职时间			所在部门	
职位 / 岗位			申请日期	
主要异动内　容	变动项	从	到	备注
	部门调整			
	职位调整			
	岗位调整			
	职级调整			
	薪酬调整			
	建议生效日期		年　月　日生效	
调整原因说明（部门负责人填写）				
员工签字确认	员工确认：□同意调整 □不同意调整 员工（签字 / 日期）：			
审批栏				

实战经验分享

如果涉及降职调岗、下调薪酬，员工本人必须亲自签字确认（任何人不得代签），上调薪酬或者职位晋级可不需要员工签字确认。

关于异动的工作交接参考以下工作交接单（见表 8-2）：

表 8-2　工作交接单

一、基本情况			
移交人姓名		接收人姓名	
岗位职责			
工作计划			
对内对外联系人			
二、文件资料交接			
交接项目	文件交接内容		交接确认
交接文件			
相关记录			
电子文档、邮件			
其他			
三、交接相关说明			
待完成工作			
其他事项			
移交人签名		接收人签名	
交接日期		交接日期	

实战经验分享

关于岗位调整后无法胜任的处理：根据《劳动合同法》第四十条的规定，劳动者不能胜任工作，经过培训或者调整工作岗位，仍不能胜任工作的，用人单位提前30日以书面形式通知劳动者本人或者额外支付劳动者一个月工资后，可以解除劳动合同。

8.2　下调薪酬如何处理

加薪容易降薪难，在调整薪酬时操作失误会带来很多管理纠纷。

对劳动者来说，选择工作时最重要的因素就是工资报酬。因此《劳动合同》对劳动报酬的约定要相对比较明确，企业的三人制度《薪酬管理制度》《绩效考核制度》《任职资格管理制度》要公正透明，发布过程要民主合法。

一、企业在员工降薪过程中应坚持的原则

1. 依法降薪的原则

主要是依据国家相关法律的规定，吃透法律法规的内容。在降薪操作过程中除了双方协商一致变更的方法之外，法律赋予了用人单位单方变更工资的权利。

根据《劳动合同法》第四十条及相关规定，单方变更工资要通过以下途径来实现：

A：劳动者不能胜任工作而被用人单位单方调整工作岗位。这一条是基于“以岗位调整合法为前提，岗变薪变”的原则。此处的“不胜任工作”包括身体原因和工作能力原因两个方面。《劳动合同法》第四十条规定，有下列情形之一的，用人单位提前三十日以书面形式通知劳动者本人或者额外支付劳动者一个月工资后，可以解除劳动合同：①劳动者患病或者非因工负伤，在规定的医疗期满后不能从事原工作，也不能从事由用人单位另行安排的工作的；当劳动者患病或非因工负伤，在规定的医疗期满后不能从事原工作，单位可以另行安排其他工作，劳动者不能胜任工作，单位可以调整其工作岗位。②劳动者不能胜任工作，经过培训或者调整工作岗位，仍不能胜任工作的。也就是说用人单位在上述条件下可以单方调整劳动者的工作岗位，调整工作岗位后工资也得到相应的调整。

B：劳动者违反用人单位规章制度，用人单位依据规章制度给予降职降薪处罚的。这条首先要求用人单位必须存在明确且合法的规章制度，并明确列举按照降职降薪处理的具体情形。规章制度的制定要符合法定程序，除此之外，单位的规章制度要对劳动者进行解释说明和公示。在依据规章制度处罚员工时，还要有充分的证据证明劳动者存在违纪行为。

C：企业可采取结构性浮动工资的管理机制，在约定范围内进行调整。用人单位可以在劳动合同中约定工资构成包括固定工资和浮动工资。固定工资包括基本工资、岗位工资、职位（职务）工资、技能工资等；浮动工资包括绩效工资、奖金以及提成等。既然是浮动工资，在劳动合同约定范围内就可以进行调整。

D：其他情况的单方变更。在企业管理实践中，一些地方解释及司法判例支持用人单位在劳动合同中特别约定用人单位单方调岗调薪权。

2. 制度透明的原则

企业绩效考核与薪酬管理制度透明规范，培训到位，确保所有员工对制度有清晰的了解和把握，作为 HR 部门要保留培训的证据。

3. 谨慎处理的原则

加薪对劳动者来说都是广受欢迎的事情，但是降薪必须慎重，否则用人单位出于种种原因对劳动者降薪，很容易引发劳动纠纷。

二、企业在员工降薪过程中的相应对策

- 绩效考核相关联的处理：员工降薪须严格依据绩效考核结果执行；
- 任职资格相关联的处理：员工任职资格级别下降可以降薪；
- 注意特殊群体的降薪：如女职工怀孕期间不能随意换岗降薪等。

【经典案例 1】用人单位能否单方直接调岗和调薪？

案例介绍

谭先生应聘某市一家公司的销售部经理，应聘成功后该公司与谭先生签订了 3 年期限的劳动合同书，双方约定每月工资为 5000 元。由于公司高层进行调整，公司对各部门的人员也进行了重新调整，谭先生的工作岗位由销售部经理降为销售部普通员工，随后人力资源部通知谭先生工资报酬随岗位变动而降为 3000 元。谭先生不服，认为公司无权对其调岗调薪，经劳动仲裁程序诉至法院，要求公司继续履行原劳动合同，恢复其工作岗位及相应工资待遇。

案例分析

《劳动合同法》第三十五条规定，劳动合同变更如同劳动合同的签订一样，双方协商一致才能变更劳动合同，用人单位不可以单方变更劳动合同。本案中，公司在未与谭先生协商一致的情况下进行调岗降薪的做法，显然是违反法律规

定的，应属无效变更行为。

【经典案例 2】员工拒绝企业降岗降薪被辞退是否合理?

案例介绍

小周进入一家外企公司任职销售主管，月薪为 6000 元。同年 11 月，企业以销售业绩低为由对其降职降薪，职位由销售主管降至销售代表，工资由 6000 元降至 2500 元。小周对降职降薪结果表示不接受，要求企业恢复原职，后来与企业领导发生争执和纠纷，公司领导以小周顶撞领导，严重违反劳动纪律管理制度为由将其辞退。小周不服，向当地仲裁机构提请仲裁，要求企业给予经济赔偿。

案例分析

调岗调薪是劳动合同变更的常见情形，也是用人单位人力资源管理中经常用到的一种方法。对于此类问题许多用人单位都会认为调岗调薪是用工自主权，可以根据实际情况进行单方调整，而劳动者则认为双方事先有合同约定，单位无权单方调整。

调岗调薪如果处理不当极易引发劳动纠纷，友好协商一致并落实在合同上是最佳的解决方式。

【经典案例 3】对怀孕期员工调岗开除是否合法有效?

案例介绍

陈某与某公司签订《劳动合同》，公司在陈某入职后的一周里对其进行了新员工培训，包括公司的规章制度、岗位培训，经过培训学习陈某通过了相关的考试，并在《员工手册》上签字确认。

入职后陈某发现自己已怀孕 3 个月，由于身体问题陈某时常感到不适，在一个月内，连续请病假超过 10 日（该病假均得到部门领导同意），由于请假天数过多，公司人力资源部根据《员工手册》中“病假超过 10 日的，公司有权根据情况调整其工作岗位”的规定，对陈某作出了调整其工作岗位的决定，陈某收到调岗通知书后表示不接受调岗，在与领导沟通未果的情况下，陈某一气之下，连续请假10天，但这次请假是口头请假，无任何书面请假和公司审批的手续。

公司人力资源部根据《员工手册》中“员工无故旷工3天，公司可以解除劳动合同且无须支付任何经济补偿”的规定，对陈某作出“解除劳动合同，并不给予经济补偿的决定”。陈某收到决定书后不服，向当地仲裁机构申请劳动仲裁，要求单位解除决定书，恢复劳动合同关系，并按正常工作时的工资计发其休假工资。

本案的争议焦点为：

1. 公司是否可以根据情况对陈某进行岗位调整？

2. 对于陈某不接受调岗通知并以请假为由连续10天不上班，公司是否可以解除与其的劳动合同关系？

3. 对于陈某在仲裁申请中提及的“按正常工作时的工资计发其休假工资”之要求是否可以成立？

案例分析

1. 公司《员工手册》规定“有权根据情况调整其工作岗位”，并且陈某已签字，该公司只要不违反劳动相关法律法规就是合法的。

2. 陈某在无任何书面请假手续的情况下离开岗位10天，是否成为“严重违反劳动纪律”成了本案的焦点和关键：关于公司中员工行为是否属于“严重违反劳动纪律”完全是用人单位的自主用工权决定的，但应注意《劳动合同法》第四条第二款规定“用人单位在制定、修改或者决定有关劳动报酬、工作时间、休息休假、劳动安全卫生、保险福利、职工培训、劳动纪律以及劳动定额管理等直接涉及劳动者切身利益的规章制度或者重大事项时，应当经职工代表大会或者全体职工讨论，提出方案和意见，与工会或者职工代表平等协商确定”，只要制度发布过程程序合法、内容合法，制度自动生效。本案中，用人单位对陈某作出的解除劳动合同的决定是正确的。

3.《劳动部关于贯彻执行〈中华人民共和国劳动法〉若干问题的意见》第五十九条规定：职工患病或非因工负伤治疗期间，在规定的医疗期内由企业按有关规定支付其病假工资或疾病救济费，病假工资或疾病救济费可以低于当地最低工资标准支付，但不能低于最低工资标准的 80%。陈某无理由要求公司在病假期间按正常工作时的工资计发其休假工资。

特别提醒：用人单位在与严重违反劳动纪律的员工解除劳动合同关系时，应注意解除通知的送达流程及相关证据的收集工作。以旷工为例，解除劳动合同的流程是：

（1）用人单位以书面形式将通知员工上班的文件直接送达员工本人，本人不在的交其同住成年亲属签收。若直接送达有困难的可以邮寄送达，以挂号查询回执上注明的收件日期为送达日期。如果员工下落不明或者用上述送达方式无法送达，公司可以“公告送达”，通过新闻媒介通知，在公告之日起经过 30 日即视为送达。

（2）在送达后，用人单位可按规章制度对旷工的员工作出解除劳动合同处理。

实战经验分享

调岗调薪常涉及的风险包括擅自决策（单方面调整）、职位晋升没有设置合理考察期等。此外，作为企业管理者掌握常见管理技巧还是非常有必要的，防止把好事办成坏事。

9 第九章 在职管理——点滴之处体现劳动关系

- 绩效考核管理与劳动关系
- 薪酬福利管理与劳动关系
- 考勤制度管理与劳动关系
- 员工休假管理与劳动关系
- 员工加班管理与劳动关系
- 员工奖惩管理与劳动关系
- 专项培训管理与劳动关系
- 在职保密管理与劳动关系
- 服务期的管理与劳动关系

员工在职期间，需要接受公司的无数个管理环节，包括绩效考核、薪酬福利、考勤管理、奖惩管理等，这些管理环节无处不在体现点滴劳动关系。这些环节如果处理不当，轻则影响员工与企业的心理契约，重则影响劳动关系能否存续，甚至导致劳动仲裁和纠纷。

9.1 绩效考核管理

绩效管理是指通过设定组织目标，运用一系列的管理手段对组织运行效率和结果进行控制与掌握的过程，包括长期绩效管理和短期绩效管理。绩效管理不仅强调结果导向，而且重视达成目标的过程。

绩效管理中的关键环节是绩效考核，考核是公司战略落地的抓手，是促进公司执行力的关键举措，核心目的是激励鞭策员工并将员工行为引向企业的总体目标以形成合力，在企业内部保持竞争机制，通过优胜劣汰，保持企业的竞争优势。

依据《劳动合同法》第三十五条第一款的规定，用人单位与劳动者协商一致，可以变更劳动合同约定的内容，但是协商一致的合法变更劳动合同必须采用书面形式。企业对员工进行岗位管理，如企业发现员工不能胜任岗位但是与员工协商变更岗位不能达成一致意见，用人单位要如何处理呢？如果没有任何措施却要求劳动者同意调岗调薪肯定会导致劳动纠纷，那么如何使得调岗调薪合理合法，绩效考核就成为关键的操作手段和管理武器。

绩效考核直接影响的是员工绩效薪酬、岗位调整等多个环节，企业通过规范的绩效考核落实《绩效考核协议》，考核结果和绩效工资挂钩，这本身是君子协议落实的过程。

绩效考核协议看起来简单，考核结果如果是客观和公正的，按照考核结果兑现即可，但是最让 HR 闹心的在于，员工对考核结果不认可怎么办？

俗话说，“考核是双刃剑——容易激励员工也容易挫伤员工的积极性”，很多用人部门给员工评分，容易引起员工对评价（评分）的不满，甚至让考核结果适得其反。当员工对上级评价（评分）不认同时，作为管理者应该如何处理？

对绩效考核目标、考核指标、考核结果，要和员工做充分的沟通和认同，员工不认同的要分析出具体原因，确保考核结果的公正性。

【经典案例 1】绩效沟通该如何做好？

案例介绍

某公司中层经理人员的考核目标由分管副总确定，以季度为周期进行考核。雷经理在本季度由于工作需要经常出差，处理的客户问题特别多，多数工作均出色地完成，但是仍有部分重点工作未能按时完成，最终季度考核结果中雷经理的考核等级为 C2（扣减绩效工资 20%）。

雷经理感到很委屈，认为本季度自己非常辛苦，工作表现相当出色，季度绩效不应该被评为 C2。如果你是人力资源部绩效考核主管，对雷经理考核过程中的问题该如何改进？

案例分析

绩效沟通是公司做绩效考核的重点，从绩效目标的设定到绩效结果的运用、绩效提升意见等，沟通工作直接贯穿于整个绩效管理全过程。特别是在工作目标设定的时候，应该是考核与被考核的双方共同参与，发现需要调整指标的要及时做好变更工作，更为重要的是在绩效考核的结果上，应让考核者与被考核者达成一致。

本案例中，在对雷经理的季度考核过程中最大的问题是缺乏绩效沟通，特别是季度考核目标设定完全由分管副总确定，而副总没有和雷经理充分沟通，导致雷经理对考核目标不清楚。

同时最终的考核结果也没有和雷经理沟通，最终引发雷经理对考核结果的不认可。所以整个过程，对于绩效的沟通是很缺乏的。

在绩效目标设定的时候，考核者应该和被考核者就考核的工作重点任务、工作目标、衡量标准达成一致。同时在绩效考核执行过程中发现问题要及时做好考核指标的调整工作，确保考核目标能够达成。对考核的结果进行沟通确认，要让员工明确自己工作的不足，制订并实施绩效的改进计划，这样更有利于提升员工的绩效和业绩。

实战经验分享

绩效考核不只是为了发工资、发奖金，更应该将重心放在绩效改进和绩效面谈分析上，绩效考核结果要实现鼓舞士气的目的，而不是用来打击员工，否则不如不做绩效考核。

再次强调“考核是双刃剑——容易激励员工也容易挫伤员工的积极性”，考核必须充分沟通，包括对考核结果的沟通。

9.2　薪酬福利管理

薪酬是直接影响员工切身利益的关键环节，极易引起劳动纠纷，薪酬管理的关键是掌握加薪和降薪的技巧，加薪是容易的，降薪则是必须慎重处理的。

《劳动合同法》第三十条规定：用人单位应当按照劳动合同约定和国家规定，向劳动者及时足额支付劳动报酬。用人单位拖欠或者未足额支付劳动报酬的，劳动者可以依法向当地人民法院申请支付令，人民法院应当依法发出支付令。

《劳动合同法》第八十五条规定：用人单位有下列情形之一的，由劳动行政部门责令限期支付劳动报酬、加班费或者经济补偿；劳动报酬低于当地最低工资标准的，应当支付其差额部分；逾期不支付的，责令用人单位按应付金额百分之五十以上百分之一百以下的标准向劳动者加付赔偿金：

（一）未按照劳动合同的约定或者国家规定及时足额支付劳动者劳动报酬的；

（二）低于当地最低工资标准支付劳动者工资的；

（三）安排加班不支付加班费的；

（四）解除或者终止劳动合同，未依照本法规定向劳动者支付经济补偿的。

用人单位拖延发放工资，不仅要补齐差额，劳动者因此提出离职的，用人单位还需支付解除劳动关系的经济补偿金，所以如何规避此类风险显得尤为重要。

针对工资的数额、工资的构成、工资的支付形式、工资的支付周期等必须与劳动者约定清楚，很多管理者认为只要不约定支付时间，就可以任意时间发放工资而不构成拖欠工资，其实不然，很多省市的地方性法规都规定拖延工资不能超过 30 日，各位 HR 需要依照公司办公地点确定当地的法律规定，工资迟发多少日构成拖欠工资，要具体问题具体分析，及时与员工进行沟通，达成一致意见，并留下书面证据，以防发生争议。

【经典案例 2】员工因拖欠工资解除劳动关系的，用人单位应支付经济补偿金吗？

案例介绍

侯某入职某公司任财务管理专员，与公司签订劳动合同，合同期限是一年，合同中约定每月 15 日发放上一个自然月的工资。但侯某入职后不久，公司就一直拖延发放工资，并未按照合同的约定在每月15日发放工资，而是在每月的15日后25日之前发放工资。侯某入职半年后，该公司已经连续3个月未发放工资，侯某经多次讨要未果，遂将该公司诉至劳动争议仲裁委员会，要求公司补齐拖欠的工资，并要求公司支付因拖欠工资致使其离职而产生的解除劳动关系的经济补偿金。

审理机关经审理发现，该公司虽主张因资金紧张暂停发放工资，待公司欠款充裕后再行补发，但是未与侯某协商并达成一致意见，已经构成拖欠工资，理应补齐工资并依法支付侯某解除劳动关系的经济补偿金。

案例分析

《劳动合同法》第三十八条规定，“用人单位有下列情形之一的，劳动者可以解除劳动合同：（一）未按照劳动合同约定提供劳动保护或者劳动条件的；（二）未及时足额支付劳动报酬的”；第四十六条规定，“有下列情形之一的，用人单位应当向劳动者支付经济补偿：（一）劳动者依照本法第三十八条规定解除劳动合同的”，可见员工因拖欠工资解除劳动关系的，用人单位应支付经济补偿金。

本案的争议焦点在于，该公司是否构成拖欠工资及应否支付解除劳动关系的经济补偿金。本案中，公司就迟延发放工资问题显然未与劳动者协商一致，因此已经构成拖欠工资，依据《劳动合同法》的相关规定，用人单位需要支付侯某解除劳动关系的经济补偿金。

9.3　考勤制度管理

企业在计算员工薪酬的时候，要按照考勤规章制度计算好产假、病假、事假等工资额，依法办事，以免造成劳动纠纷。

考勤管理是用人单位对员工出勤进行考察的一种管理制度，包括是否迟到早退，有无旷工请假等。

考勤管理是HR薪酬专员日常的基础性工作，也是薪酬管理的一项重要数据来源。考勤制度管理一般包括的主要内容有：

✧ 考勤模式：如研发人员弹性考勤、职能人员的固定考勤、免考勤等，对

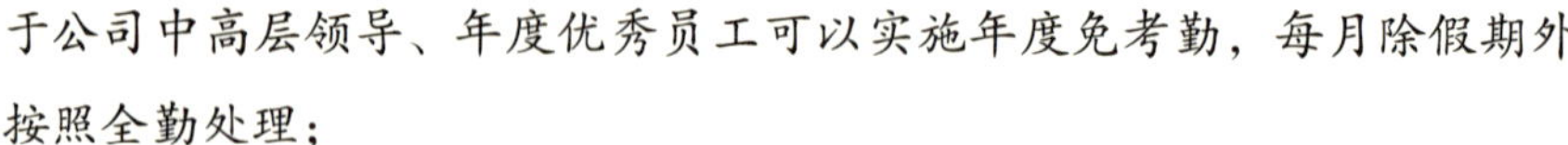

于公司中高层领导、年度优秀员工可以实施年度免考勤，每月除假期外按照全勤处理；

- ✧ 出勤记录；
- ✧ 外出管理；
- ✧ 出差管理；
- ✧ 非正常出勤管理；
- ✧ 休假登记；
- ✧ 特殊人员考勤管理；
- ✧ 考勤统计管理。

1. 关于考勤方式的选择

考勤制度实施需要具体的考勤方式的落地，企业可采用的考勤方式如表 9–1 所示：

表 9–1　常见考勤方式对比

常见方式	优　点	缺　点
签字	成本低	浪费纸张
刷卡	速度快	容易作弊
指纹	不可作弊	有的员工无法打指纹
人脸识别	不可作弊	会让部分员工感觉不够被信任和不被尊重

实战经验分享

考勤方式的选择体现了企业对员工的信任，任何制度都不应该惩罚好人，考勤方式也是如此。对于一个企业而言，多数员工都是表现良好并且可信赖的，对于在考勤上喜欢投机取巧并且业绩表现非常差的员工，一旦发现，应严格按照公司劳动纪律来处理。

2. 员工请假的管理

员工请假需要通过《员工请假申请表》来实现审批，此外企业可以通过内部管理信息系统实现对假期的管理（见表 9–2）。

表 9–2 员工请假申请表

<table>
<tr><td>申请人</td><td></td><td>所在部门</td><td></td></tr>
<tr><td>请假类型</td><td colspan="3">□带薪年休假 □事假 □病假 □丧假 □产假 □加班倒休
□陪产假 □工伤 □婚假 □其他</td></tr>
<tr><td>请假日期</td><td colspan="3">年 月 日 时 分 到 年 月 日 时 分
（半天为单位）</td></tr>
<tr><td>请假事由</td><td colspan="3"></td></tr>
<tr><td>请假期间
工作安排</td><td colspan="3"></td></tr>
<tr><td>请假须知</td><td colspan="3">请假之前本人已认真阅读《考勤休假管理制度》并严格按照制度执行
申请人（签字 / 日期）</td></tr>
<tr><td rowspan="4">审批栏</td><td>直接主管经理</td><td colspan="2"></td></tr>
<tr><td>部门经理</td><td colspan="2"></td></tr>
<tr><td>主管副总</td><td colspan="2"></td></tr>
<tr><td>总经理（加签）</td><td colspan="2"></td></tr>
<tr><td>实际请假结果</td><td colspan="3">实际请假日期：
需要附带证据：（如婚假需要提交结婚证等）
人力资源部确认（签字 / 日期）</td></tr>
<tr><td colspan="4">【备注】本表最终在人力资源部备案作为考勤的数据</td></tr>
</table>

（提示：请根据公司《考勤休假管理制度》规定的请假审批权限完善表单）

3. 日常加班的管理

公司的《考勤休假管理制度》必须明确的一点就是，员工加班必须事先审批，没有经过审批的加班视为自愿加班行为，这一点对于规避未来各种劳动纠纷来说至关重要。

《员工加班申请表》就是加班管理的关键记录（见表 9–3）。

表 9–3　员工加班申请表

<table>
<tr><td>申请人</td><td></td><td>所在部门</td><td></td></tr>
<tr><td>加班类型</td><td colspan="3">□部门统一要求　□公司统一要求　□个人自愿加班</td></tr>
<tr><td>加班事由</td><td colspan="3"></td></tr>
<tr><td>加班日期</td><td colspan="3">年　月　日　时　分到　年　月　日　时　分（半天为单位）</td></tr>
<tr><td>请假后续处理</td><td colspan="3">□日后倒休 / 调休　□按照劳动法支付加班费</td></tr>
<tr><td>加班须知</td><td colspan="3">请假之前本人已认真阅读《考勤休假管理制度》并严格按照制度执行
申请人（签字 / 日期）</td></tr>
<tr><td rowspan="4">审批栏</td><td>直接主管经理</td><td colspan="2"></td></tr>
<tr><td>部门经理</td><td colspan="2"></td></tr>
<tr><td>主管副总</td><td colspan="2"></td></tr>
<tr><td>总经理（加签）</td><td colspan="2"></td></tr>
<tr><td>实际请假结果</td><td colspan="3">实际加班日期：
主要加班证据：
人力资源部确认（签字 / 日期）</td></tr>
<tr><td colspan="4">【备注】本表最终在人力资源部备案作为考勤的数据</td></tr>
</table>

4. 月度考勤休假数据汇总

员工月度考勤休假数据的统计汇总是一项基础管理工作，考勤数据的确认一般采用人力资源部统一管理与部门管理双向确认的原则。

考勤周期结束后生成考勤原始记录，对于员工考勤异常情况进行记录，再结合外出登记、请休假等进行确认与调整（见表 9–4）。

表 9-4　月度考勤休假数据汇总表

部门名称						考勤负责人				
序号	姓名	员工号	考勤模式	迟到/早退	病假	事假	……	旷工	年休假	备注
制表人										
审批负责										

企业考勤记录内容非常琐碎，要想做到事实清楚、考勤休假数据信息完整公正和准确，除了做好日常考勤的登记之外，正常的假期管理，如请假等审批流程也要规范并且有详细的记录，此外，对于有异议的考勤信息需要及时澄清和确认，毕竟考勤和薪酬发放相关，涉及员工切身利益，不要有任何失误。

此外，人力资源部要推动公司建立规范的考勤审批权限和审批责任制，对于部门管理者管理不善、管理失责的行为要及时、果断地给予有效处理。

实战经验分享

（1）用 Excel 表格管理考勤信息；（2）考勤可由人力资源部统一管理，也可由各部门自行管理；（3）考勤数据需要上报和确认双向沟通确保无误；（4）为了提高每月考勤数据处理效率，建议企业使用 E-HR 系统实现考勤数据汇总自动化，此外为了防止出现员工拖沓延期的情况，对于月度考勤数据的确认和处理应当有制度上的规定。

5. 考勤数据分析处理

人力资源部每月做好考勤统计之后，还要做好员工考勤记录的统计分析工作。例如，通过考勤数据发现的员工旷工属于违纪行为，严重者需要及时解除劳动合同。

此外，和考勤相关的违纪行为包括代刷卡（代替其他人员刷卡）、多次迟到/早退等，对这些行为的分析也是 HR 管理的一项基本工作。

根据《考勤休假管理制度》，人力资源部可以直接下发员工考勤违纪处罚通知书（见表 9–5）。

表 9–5　员工考勤违纪处罚通知书

违纪人员		所在部门	
违纪事实描述			
检查人员			
违纪日期	年　月　日		
处罚依据	依据《考勤休假管理制度》第____条规定		
违纪性质	□轻微　□一般　□严重（需要解除劳动合同）		
相关处理	请您接到本通知（　　）日内，限期完成以下内容： □提交自我检讨书给人力资源部 □提交考勤纪律承诺书给人力资源部 □严重违纪行为请您限期内主动离职		
	人力资源部通知人员： 正式通知日期：　　年　月　日		

实战经验分享

任何制度都不应该处罚好人，人力资源部在下发员工考勤违纪处罚通知书之前，必须通过电子邮件或者面谈等方式和用人部门领导做好充分沟通，双方达成共识之后再下发通知，否则人力资源部滥用处罚权可能会引起内部管理矛盾。

9.4　员工休假管理

1. 认真研究制度相关法律法规的约束

和企业考勤休假相关的主要法律法规包括《劳动合同法》《职工带薪年休假条例》《民法典》《女职工劳动保护特别规定》以及《企业职工患病或非因工负伤医疗期规定》等，相关法律法规约束内容如下：

- **年休假：**

《职工带薪年休假条例》第三条规定，职工累计工作已满1年不满10年的，年休假5天；已满10年不满20年的，年休假10天；已满20年的，年休假15天。国家法定休假日、休息日不计入年休假的假期。

- **婚假：**

根据《民法典》《关于国营企业职工请婚丧假和路程假问题的通知》以及各地人口与计划生育条例的规定：（1）按法定结婚年龄（女20周岁，男22周岁）结婚的，可享受3天婚假；符合法律规定结婚的夫妻，可以在享受国家规定的婚假外延长婚假；（2）结婚时男女双方不在一地工作的，可视路程远近，另给予路程假；（3）在探亲假期间结婚的不另给假期；（4）婚假包括公休假和法定假；（5）再婚的可享受法定婚假；（6）在婚假和路程假期间，工资照发。

- **产假：**

根据我国《女职工劳动保护特别规定》[①]第七条的规定，女职工生育享受98天产假，其中产前可以休假15天；难产的，增加产假15天；生育多胞胎的，每多生育1个婴儿增加产假15天。女职工怀孕未满4个月流产的，享受15天产假；怀孕满4个月流产的，享受42天产假。

- **丧假：**

员工休丧假的具体操作可参考原国家劳动总局、财政部《关于国营企业职

---

① 《女职工劳动保护特别规定》中的98天产假为国家规定的基础假。各地根据本地《人口与计划生育条例》，产假之外还享受延长生育假。如北京规定，“按规定生育子女的夫妻，女方除享受国家规定的产假外，享受延长生育假六十日，男方享受陪产假十五日”。

工请婚丧假和路程假问题的通知》之法律规定：（1）职工本人结婚或职工的直系亲属（父母、配偶和子女）死亡时，可以根据具体情况，由本单位行政领导批准，酌情给予一天至三天的婚丧假。（2）职工结婚时双方不在一地工作的，职工在外地的直系亲属死亡时需要职工本人去外地料理丧事的，可以根据路程远近，另给予路程假。（3）在批准的婚丧假和路程假期间，职工的工资照发，途中的车船费等，由职工自理。目前，国家还没有对非国营企业职工休婚丧假作出具体规定。

• **工伤假：**

《企业职工患病或非因工负伤医疗期规定》第三条规定：企业职工因患病或因工负伤，需要停止工作医疗时，根据本人实际参加工作年限和在本单位工作年限，给予 3 个月到 24 个月的医疗期：（一）实际工作年限 10 年以下的，在本单位工作年限 5 年以下的为 3 个月；5 年以上的为 6 个月。（二）实际工作年限 10 年以上的，在本单位工作年限 5 年以下的为 6 个月；5 年以上 10 年以下的为 9 个月；10 年以上 15 年以下的为 12 个月；15 年以上 20 年以下的为 18 个月；20 年以上的为 24 个月。

《工伤保险条例》第三十三条规定：职工因工作遭受事故伤害或者患职业病需要暂停工作接受工伤医疗的，在停工留薪期内，原工资福利待遇不变，由所在单位按月支付。停工留薪期一般不超过 12 个月。伤情严重或者情况特殊，经设区的市级劳动能力鉴定委员会确认，可以适当延长，但延长不得超过 12 个月。工伤职工评定伤残等级后，停发原待遇，按照本章的有关规定享受伤残待遇。工伤职工在停工留薪期满后仍需治疗的，继续享受工伤医疗待遇。生活不能自理的工伤职工在停工留薪期需要护理的，由所在单位负责。

• **病假：**

根据《企业职工患病或非因工负伤医疗期规定》等有关规定，患病或非因工负伤职工的病假假期根据本人实际参加工作年限和在本单位工作年限，给予 3 个月到 24 个月的医疗期。

• **事假：**

员工因个人或家庭原因需要请假的可以请事假，事假为无薪事假，以天或小时为计算单位。关于事假的待遇，国家没有明确规定，企业和劳动者签订劳动合同时在合同中约定，同时在公司的规章制度中应有明确规定，但不能逾越法律的强制性和原则性规定。

上述法律法规的规定，是企业制定员工休假管理制度的基础，违反法律法规的制度条款是无效的，必须认真研究好。

2. 考勤休假制度实施

企业《考勤休假管理制度》是一项涉及员工切身利益的根本制度，里面涉及的关于考勤违纪行为必须有明确的制度规定，需要注意的关键要点如下：

- 考勤休假管理制度的实施必须经过民主公示，最常见的方式是公司组织员工代表进行民主评议（在推举员工代表的过程中要保留推举的证据，以证明被推举人代表的是选举人的利益），只有这样的制度才能使内容和发布程序合法；
- 企业《员工手册》要有《考勤休假管理制度》关键条款的引用和公示，员工享受知情权；
- 新员工入职要有《考勤休假管理制度》关键条款的内容培训，并保存证据，如《新员工培训签到表》以及《培训反馈表》等；
- 日常员工考勤过程中，对于迟到、早退要与员工及时确认，严格按照制度执行；
- 《考勤休假管理制度》内容发生调整和变更时，如果涉及员工切身利益的条款发生变化，同样需要经过民主公示。

上述关键要点是考勤休假制度有效实施的保证。

【典型问题 1】员工加班工资基数如何计算？

问题解答

加班工资计算涉及一个重要问题就是工资基数的标准问题。

按照《劳动法》第四十四条的规定，支付加班费的具体标准是：

- 在标准工作日内安排劳动者延长工作时间的，支付不低于工资的 150% 的工资报酬；

- 休息日安排劳动者工作又不能安排补休的，支付不低于工资的 200% 的工资报酬；
- 法定休假日安排劳动者工作的，支付不低于 300% 的工资报酬。

标准工作时间以外延长劳动者工作时间和在休息日、法定休假日安排劳动者工作，都是占用了劳动者宝贵的休息时间，应当严格加以限制，高于正常工作时间支付更高的工资报酬是国家采取的一种相对合理的限制措施。

企业在上述情况安排劳动者加班时应当严格按照《劳动法》的规定支付加班费。属于哪一种情形的加班就应执行法律对该种情况所作出的规定，加班工资支付标准不能代替，否则都是违反劳动法的行为，都是对劳动者权益的侵犯，应当依法承担法律责任。

各地关于工资支付的地方性法规或地方政府规章对于加班工资的计算基数规定各不相同，常见处理方式如下：

（1）如果双方签署的《劳动合同》中有明确约定工资的，应当以劳动合同约定的工资作为加班费的计算基数。应当注意的是，如果劳动合同的工资项目分为基本工资、岗位工资和绩效工资等，应当以各项工资的总和作为基数计发加班费，不能以任何单独项作为计算基数。

（2）如果劳动合同没有明确约定工资数额，应当以实际工资作为计算基数。凡是用人单位直接支付给职工的工资、奖金、津贴、补贴等都属于实际工资（国家统计局《〈关于工资总额组成的规定〉若干具体范围的解释》中规定的“工资总额”的几个组成部分）。

（3）在确定职工日平均工资和小时平均工资时，应当按照劳动和社会保障部《关于职工全年月平均工作时间和工资折算问题的通知》的规定来进行折算。

（4）企业对于生产岗位实行计件工资的，应当以法定时间内的计件单价为加班费的计算基数。

（5）加班费的计算基数低于当地当年的最低工资标准的，应当以当地当年的最低工资标准为基数。

【典型问题 2】员工休病假期间工资应如何发放才合法？

问题解答

病假是指劳动者因疾病或非因工受伤，企业批准停止工作进行治病休息的一种休假。按照国家相关法律法规的规定，劳动者在治疗期间不仅可以享受医疗保险待遇，而且用人单位需要按照法定标准向劳动者支付病假工资。

关于病假期间的工资，有关法律法规规定如下：

（1）职工患病或非因工负伤治疗期间，在规定的医疗期间内由企业按有关规定支付其病假工资或疾病救济费，病假工资或疾病救济费可以低于当地最低工资标准支付，但不能低于最低工资标准的80%。

（2）劳动者在医疗期、孕期、产期和哺乳期内，劳动合同期限届满时，用人单位不得终止劳动合同。劳动合同的期限应自动延续至医疗期、孕期、产期和哺乳期期满为止。

（3）请长病假的职工在医疗期满后能从事原工作的可以继续履行劳动合同；医疗期满后仍不能从事原工作也不能从事由单位另行安排的工作的，由劳动鉴定委员会参照工伤与职业病致残程度鉴定标准进行劳动能力鉴定。被鉴定为一级至四级的应当退出劳动岗位解除劳动关系，办理因病或非因工负伤退休退职手续，享受相应的退休退职待遇；被鉴定为五级至十级的用人单位可以解除劳动合同，并按规定支付经济补偿金和医疗补助费。

（4）劳动者患病或者非因工负伤，经劳动鉴定委员会确认不能从事原工作也不能从事用人单位另行安排的工作而解除劳动合同的，用人单位应按其在本单位的工作年限，每满一年发给相当于一个月工资的经济补偿金，同时还应发给不低于六个月工资的医疗补助费。患重病和绝症的还应增加医疗补助费，患重病的增加部分不低于医疗补助费的50%，患绝症的增加部分不低于医疗补助费的100%。

（5）《劳动法》第四十八条中的“最低工资”是指劳动者在法定工作时间内履行了正常劳动义务的前提下，由其所在单位支付的最低劳动报酬。最低工资不包括延长工作时间工资，中班、夜班、高温、低温、井下、有毒有害等特殊工作环境、条件下的津贴，法律、法规和国家规定的劳动者福利待遇等。

关于病假工资如何计算的实操细则：

A：短期病假

短期病假一般指的是员工经过短暂的治疗就可以正常工作的短期病假。

（1）劳动合同有明确约定的，要按照不低于劳动合同约定的劳动者本人所在岗位（职位）相对应的工资标准确定。集体合同中《工资集体协议》确定的标准高于劳动合同约定标准的要按《工资集体协议》标准确定。

（2）劳动合同或集体合同均未约定的，可由用人单位与职工代表协商确定，协商结果应签订《工资集体协议》。

（3）用人单位与劳动者无任何约定的，假期工资的计算基数统一按劳动者本人所在岗位（职位）正常出勤的月工资的 50%—70% 确定。

此外需要特别注意的是，按以上三个原则计算的假期工资基数均不得低于当地规定的最低工资标准。法律和法规另有规定的从其规定。

实战经验分享

企业规定短期病假工资的支付最低标准是当地最低工资，实际操作过程中如果直接降低为最低工资标准会显得企业没有人情味儿，也会让员工觉得企业做事不够厚道。

业界比较好的做法是根据休病假的天数来定，如“当年累计休病假 30 天以内（含）病假工资为正常工资的 50% 发放；当年累计病假 30 天以上者按当地最低工资标准发放”。业界还有一种做法是根据工龄来定，如病假在 6 个月内，按连续工龄的长短发放工资，不满 2 年的发放本人工资的 60%，2—4 年的发放本人工资的 70%，4—6 年的发放本人工资的 80%，6—8 年的发放本人工资的 90%，8 年以上者发放本人工资的 100%；停止工作医疗期超过 6 个月的发放疾病救济费，连续工龄不满一年的发放本人工资的 40%，1—3 年者发放本人工资的 50%，3 年以上者发放本人工资的 60%。

B：长期病假

企业职工因患病或非因工负伤需要停止工作医疗时，根据本人实际参加工作年限和在本单位工作年限给予 3 个月到 24 个月的医疗期，这种医疗期要根据《企业职工患病或非因工负伤医疗期规定》来执行。

C：病假工资计算公式

病假工资的计算基数和计算系数确定后，便可计算出病假工资的数额。

病假工资 =（病假工资计算基数 / 当月实际工作日）× 计算系数 × 病假天数

月病假工资 = 病假工资的计算基数 × 相应的病假工资的计算系数

D：病假工资的保底和封顶标准

（1）病假工资的保底标准

企业在制定员工病假制度时，要特别注意病假工资不能低于合同所在地最低工资标准的 80%，各地有规定的按照当地规定执行。

例如，原上海市劳动局《关于加强企业职工疾病休假管理保障职工疾病休假期间生活的通知》（沪劳保发〔1995〕83 号）及上海市劳动和社会保障局《关于本市企业职工疾病休假工资或疾病救济费最低标准的通知》（沪劳保保发〔2000〕14 号）的相关规定，每月职工疾病或非因工负伤休假待遇低于本企业月平均工资 40% 的，应补足到本企业月平均工资的 40%，但不得高于本人原工资水平、不得高于本市上年度职工月平均工资。企业月平均工资的 40% 低于当年本市企业职工最低工资标准的 80%，应补足到当年本市企业职工最低工资标准的 80%。企业职工疾病休假工资或疾病救济费最低标准不包括应由职工缴纳的养老、医疗、失业保险费和住房公积金。

（2）病假工资的封顶标准

国家没有明文规定，各地区可按照当地政策执行。

例如，原上海市劳动局《关于加强企业职工疾病休假管理保障职工疾病休假期间生活的通知》第五条第二款规定，职工疾病或非因工负伤待遇高于本市上年度月平均工资的，可按本市上年度月平均工资计发。

【典型问题 3】女员工产假管理应注意哪些细节？

问题解答

产假指的是女职工产期前后的休假待遇，是女员工根据法律规定享有的休假权利，从产前到产后，一般基础假有 98 天。

女员工休产假享受生育保险待遇，由社保统筹基金报销相关医疗费和发放生育津贴，没有参加生育保险的则由用人单位承担。

（1）产假待遇的享受人群

根据国家法律的规定，我国所有女性劳动者在劳动关系存续期间都享受产假待遇。

（2）女职工产假时间规定

根据《女职工劳动保护特别规定》第七条的规定：女职工生育享受 98 天产假，其中产前可以休假 15 天；难产的，增加产假 15 天；生育多胞胎的，每多生育 1 个婴儿，可增加产假 15 天；怀孕未满 4 个月流产的，享受 15 天产假；怀孕满 4 个月流产的，享受 42 天产假。

（3）关于产假分类

A：必须享受的假

产前检查：女职工怀孕期间在医疗保健机构约定的产前检查（包括妊娠十二周内的初查），应算作劳动时间（注意：有个别企业将怀孕女职工在劳动时间内进行产前检查的时间计为病假、缺勤等，这是严重侵害女职工合法权益的行为）。

产前休息：怀孕 7 个月以上，每天工间休息 1 小时，不得安排夜班劳动。

授乳时间：婴儿一周岁内每天两次授乳时间为每次 30 分钟，也可合并使用。

B：可以请的假

- 产前假：怀孕 7 个月以上如工作许可，经本人申请，单位批准，可请产前假两个半月。部分属于地方性法规规定必须给假的情况，单位应批准其休假。例如，上海市规定，经二级及以上医疗保健机构证明有习惯性流产史或严重的妊娠综合征、妊娠合并征等可能影响正常生育的，本人提出申请，用人单位应当批准其产前假。
- 保胎假：医生开证明后按病假待遇。
- 产假：包括双休日和法定节假日在内。
- 哺乳假：女职工生育后，在其婴儿一周岁内应照顾其在每班劳动时间内授乳两次（包括人工喂养）。每次单胎授乳时间为 30 分钟，亦可将两次授乳时间合并使用。多胞胎生育者每多生一胎，每次哺乳时间增加 30 分钟。

关于哺乳假有的地区规定不同，如上海市《女职工劳动保护办法》第十六条规定：“女职工生育后，若有困难且工作许可，由本人提出申请，经单位批准，可请哺乳假六个半月。”

（4）产假工资待遇规定

女员工生育期间的生育津贴是国家补贴给企业用来发放产假期间工资的，但其计算方法与公司在社保处的申报工资基数有关，所以实际中的生育津贴与产假工资并不相等。一般而言，产假工资和生育津贴就高领取，简单来说就是：

A：如果员工的产假工资（员工以往每月的实发工资标准，下同）高于生育津贴，那就按产假工资发放，生育津贴下来归企业所有。

B：如果员工的产假工资低于生育津贴，那可以先按产假工资发给员工，然后生育津贴下来，将与产假工资的差额补给员工。

【典型问题 4】职工符合什么条件可享受年休假？如何计算？

问题解答

根据《企业职工带薪年休假实施办法》的规定，符合休带薪年休假的条件是员工连续工作满 12 个月。

这里需要特别注意的是，连续满 12 个月可以是在一个单位或是在两个不同的单位连续工作满 12 个月。在不同单位之间工作的连续性可以通过社保记录、离职证明等作为证据。

《职工带薪年休假条例》第三条规定：

- 职工累计工作已满 1 年不满 10 年的，年休假 5 天；
- 已满 10 年不满 20 年的，年休假 10 天；
- 已满 20 年的，年休假 15 天。

特别提示：国家法定休假日、休息日不计入年休假的假期（有的企业年休假中规定包括休息日是不合法的）。

《职工带薪年休假条例》第四条明确规定：

职工有下列情形之一的，不享受当年的年休假：

- 职工依法享受寒暑假，其休假天数多于年休假天数的；
- 职工请事假累计 20 天以上且单位按照规定不扣工资的；
- 累计工作满 1 年不满 10 年的职工，请病假累计 2 个月以上的；
- 累计工作满 10 年不满 20 年的职工，请病假累计 3 个月以上的；
- 累计工作满 20 年以上的职工，请病假累计 4 个月以上的。

《职工带薪年休假条例》第五条规定：单位根据生产、工作的具体情况，并考虑职工本人意愿，统筹安排职工年休假。年休假在 1 个年度内可以集中安排，也可以分段安排，一般不跨年度安排。单位因生产、工作特点确有必要跨年度安排职工年休假的，可以跨 1 个年度安排。单位确因工作需要不能安排职工休年休假的，经职工本人同意，可以不安排职工休年休假。对职工应休未休的年休假天数，单位应当按照该职工日工资收入的 300% 支付年休假工资报酬。

《企业职工带薪年休假实施办法》特别提出，休息日、法定节假日；探亲假、婚丧假、产假等国家规定的假期；因工伤停工留薪期间，不计入年休假假期。

需要特别提示的是，企业在制定《员工休假管理制度》时，对于年休假的规定不得低于以上标准，为了做到人性化管理，年休假可以按照工作年限的比例进行折算。例如，有的企业规定，工龄满 1 年享受 5 天年休假，工作满 2 年享受 6 天年休假……最多享受 20 天年休假，这种待遇更加人性化并且不违法，是应该鼓励的做法。

【典型问题 5】试用期员工可否休带薪年休假？

问题解答

职工在试用期内能否享受年休假主要考虑两个关键要素。

（1）试用期长短：如果企业规定的试用期期限较长（3 个月以上）并且试用期在年末或者跨年度，用人单位应安排职工享受年休假。

（2）用人单位对试用期内享受年休假的相关规定：

A：如果职工在试用期内工作年限正好满一年，那么职工有权享受年休假；

B：用人单位这一规定是否有完善的相关补偿措施。

一般而言，员工试用期的结局有两种，一种是合格留用，另一种是试用期不符合录用条件而解除劳动合同。如果试用期在年末或者跨年度，要么用人单位认可职工可以跨年度享受年休假，要么根据职工在本年度工作时间享受年休假或者按规定给予年休假工资。

【典型问题 6】享有年休假但没有安排是否需要支付补偿？如何计算？

问题解答

《职工带薪年休假条例》第五条第三款规定："单位确因工作需要不能安排职工休年休假的，经职工本人同意，可以不安排职工休年休假。对职工应休未休年休假天数，单位应当按照该职工日工资收入的 300% 支付年休假工资报酬。"

这里需要注意的是，如果用人单位和劳动者双方均没有提出是否安排年休假，但是造成了劳动者没有享受年休假待遇的事实，用人单位也应按照日工资的 3 倍支付年休假的工资报酬。

这里还需要注意的是，如果用人单位对员工明确提出并安排职工休年休假，员工因个人原因书面提出不休年休假的，用人单位只需要支付正常工作期间的工资，并且企业不需要另外再按照日工资的 2 倍支付未休年休假的工资报酬。

对于员工自愿放弃带薪年休假的情况，为了避免日后出现劳动纠纷，HR 可以采取员工自愿放弃带薪年休假承诺书的方式留存相关证据。

【典型问题 7】员工连续恶意请病假不上班应该如何处理？

问题解答

针对员工长期请病假的情况：

（1）如果员工真的是病了，企业必须保护员工的切身利益。

《企业职工患病或非因工负伤医疗期规定》有明确规定（摘抄关键条款和内容如下）：

第三条　企业职工因患病或非因工负伤，需要停止工作医疗时，根据本人实际参加工作年限和在本单位工作年限，给予三个月到二十四个月的医疗期：

（一）实际工作年限十年以下的，在本单位工作年限五年以下的为三个月；五年以上的为六个月。

（二）实际工作年限十年以上的，在本单位工作年限五年以下的为六个月；五年以上十年以下的为九个月；十年以上十五年以下的为十二个月；十五年以上二十年以下的为十八个月；二十年以上的为二十四个月。

第四条 医疗期三个月的按六个月内累计病休时间计算；六个月的按十二个月内累计病休时间计算；九个月的按十五个月内累计病休时间计算；十二个月的按十八个月内累计病休时间计算；十八个月的按二十四个月内累计病休时间计算；二十四个月的按三十个月内累计病休时间计算。

第六条 企业职工非因工致残和经医生或医疗机构认定患有难以治疗的疾病，在医疗期内医疗终结，不能从事原工作，也不能从事用人单位另行安排的工作的，应当由劳动鉴定委员会参照工伤与职业病致残程度鉴定标准进行劳动能力的鉴定。被鉴定为一至四级的，应当退出劳动岗位，终止劳动关系，办理退休、退职手续，享受退休、退职待遇；被鉴定为五至十级的，医疗期内不得解除劳动合同。

（2）如果员工是请虚假病假，也就是“泡病假”的，要严肃处理。

- 经常出现的一个情况是请假员工实际没有生病，只是因为不想上班或与主管闹矛盾，故通过医院的朋友开出病假单长期请病假，针对这种情况，人力资源要及时和员工、主管沟通，尽力改变当前局面。
- 企业应在《劳动纪律管理制度》等规章制度或劳动合同中明确：申请虚假病假属于严重违反单位规章制度的行为，对情节严重、假期天数较长等情况，用人单位可以直接解除劳动合同。
- 公司的考勤制度应该规定员工请病假应出示一定级别医院的病历本，而不是随便哪家医院都可以。
- 如果员工串通医生开虚假病条，可责令该员工到公司指定的1—2家医院去看病，一旦核实出虚假信息，企业可按照严重违纪直接解除劳动关系。

【经典案例3】怎样处理“泡病假”的员工？

案例介绍

Z公司的员工张某因为身体不适，向公司请了3个月的病假，在此期间公司按照医疗期的规定待遇对其发放工资。

医疗期未满，张某与公司的劳动合同将要到期，公司提前一个月通知她不再与其续约，没过几天张某就拿着医院开的证明要求再休息3个月，公司当然不会同意，没想到，她以医疗期内不得辞退员工为由，向仲裁机构提起仲裁。

〈问题1〉：是否员工只要有病假证明企业就必须让员工休假？

〈问题2〉：如果员工享受了规定医疗期能否再次享受这种待遇？

〈问题3〉：如何防范虚假病假及如何管理病假员工？

案例分析

1. 是否员工只要有病假证明企业就必须让员工休假

职工因病需要休假是员工健康权的体现，这种情况下员工应凭企业指定的医疗机构开具的疾病诊断证明经公司审批后休假。

这里需要明确的一点是，企业有假期审批权并不意味着企业就可以不批准员工休病假，核心原因在于员工拥有身体健康权，在其确实患病的情况下享有休病假的权利，因此只要员工有正规医院开具的病假证明，用人单位就应该允许员工休病假。

2. 如果员工享受了规定医疗期能否再次享受这种待遇

《企业职工患病或非因工负伤医疗期规定》并没有规定医疗期满的员工以后不得再休病假，我国《劳动合同法》规定，医疗期满后，用人单位可以依照《劳动合同法》第四十条的规定解除劳动合同，从这个角度来讲，企业没有解除劳动合同的，如果员工有充分的证据证明其必须连续休病假的，用人单位就必须安排。也就是医疗期满企业有解除合同的权利，如果企业没有及时解除，员工患病就有休病假的权利，如果企业没有批准则属于违法行为。

3. 如何防范虚假病假及如何管理病假员工

（1）鉴于实践中确实存在着医院基于人情等缘故开具虚假病假单的情况，因此企业对员工的病假证明拥有复核的权利。

在日常管理实践中，企业可以要求员工提交病历本、病假证明、医药费单据等，对病假的真实性进行审查。当用人单位对员工的病假有合理怀疑时，也可以要求员工到指定医院进行复查，但应当做到合法合规，而且指定复查医院不得存在违反公平、合理及便利的情形。

（2）企业要制定详细的病假管理制度及病假复查制度，程序要依法，内容要合法、合理且具有可操作性。

（3）企业要严格病假申请的流程：凡是请病假的员工必须提交符合规定的医院的医生开具的病假证明，填写格式化的病假申请单，在申请单上附注医生的姓名和联系方式等。

（4）企业应在《劳动纪律管理制度》和《考勤休假管理制度》等规章制度或劳动合同中明确“申请虚假病假属于严重违反单位规章制度的行为，企业可以直接解除劳动合同”，从而对员工严重违纪起到震慑作用。

此外，在员工生病过程中企业应该派人力资源协同用人部门领导，定期探访生病员工，一是对真正生病的员工表示关爱；二是起到对员工病假正常监控的作用。

9.5 员工加班管理

一些企业在考勤或劳动管理制度中明确规定，员工加班必须事先申请获得批准后才能加班。

《劳动法》第四十四条规定，用人单位安排劳动者延长工作时间的，支付不低于工资 150% 的工资报酬；休息日安排劳动者工作又不能安排补休的，支付不低于工资的 200% 的工资报酬；法定休假日安排劳动者工作的，支付不低于工资的 300% 的工资报酬。《劳动合同法》第三十一条规定：“……用人单位安排加班的，应当按照国家有关规定向劳动者支付加班费。”由此可见，加班工资支付的前提是用人单位根据实际需要安排劳动者在法定标准工作时间以外工作的，即用人单位主动安排的，用人单位才应按照该标准支付加班工资。如果是劳动者自愿加班，则单位不必支付任何加班费用。

【经典案例 4】未经用人单位批准的加班，劳动者是否有权要求单位支付加班工资？

案例介绍

刘某所在的某公司《员工手册》中对于加班的流程有着明确规定：“公司的标准工作时间为每日 8 小时，每周 40 小时。公司的领导对于员工提出的要求是提高效率，不提倡加班。若因工作需要确实要加班的，劳动者须向其主管书面提交加班申请，由主管签字同意后，方可加班。”

刘某因所在岗位做的是财务工作，每月提交财务报表前的几天，工作繁多且任务紧迫，为了及时完成报表工作，刘某必须加班加点才能按时按质完成工作。刘某觉得每次加班都书面申报批准的程序太过烦琐，就没有履行书面申请的程序而自行加班。

刘某劳动合同期满，公司以她工作效率低下为由未与她续签劳动合同。刘某向公司提出补偿其加班期间的加班工资，公司认为对加班程序有明确的规章制度，所有加班都需书面申请并获得主管签字同意后才能进行，而公司并未安排刘某延时工作，刘某的加班行为纯属个人自愿加班行为，与公司要求无关，因此拒绝支付刘某任何加班工资。

刘某对此非常不满，向当地劳动仲裁委员会提请仲裁，要求公司支付其前一年在公司延长工作时间的所有加班工资，并出示其电子考勤记录以证明确实有延长工作时间的事实，要求公司支付其加班期间的所有工资。

案例分析

未经用人单位批准的加班，劳动者是否有权要求单位支付加班工资？

从劳动证据的角度来看，劳动者自愿在法定工作时间之外加班，到底是真正在工作还是在用人单位的办公场所内从事其他非工作范畴的事务很难界定，因此完全将加班工资的举证责任由企业承担是不公平的。

本案中，虽然刘某有自己在履行劳动合同期间延长工作时间的记录，但不属于单位安排的加班，同时该企业依法制定的规章制度也已明确规定员工加班必须走加班审批程序，刘某主张的加班并未按企业的规章制度履行必备手续，因此得不到法律的保护。

实战经验分享

用人单位有权要求劳动者在加班之前履行一定法定程序来证明员工的确是在加班，如果劳动者没有走事先审批流程，企业可以拒付加班费。

加班事先审批制是一种非常好的做法，这些管理证据也是防止劳动纠纷的方式。

9.6　员工奖惩管理

企业实施奖励政策有利于调动员工的积极性，明确奖罚机制可以使企业运转更加高效，在单位时间里创造更高的效益，也有利于企业留住人才。而必要的惩罚措施，在于杜绝同类事情的再次发生，对员工不好的行为进行约束。

员工奖惩管理规定（范例）

第一章　总　则

第一条　目的

为强化员工遵纪守法和自我约束的意识，增强员工的积极性和创造性，同时保证企业各项规章制度得到执行，维护正常的工作秩序，特制定本制度。

第二条　适用范围

本项管理规定适用于公司所有员工。

第二章　奖　励

第三条　公司奖励的方式分经济奖励、行政奖励和特别贡献奖励三种。

第四条　员工有下列行为之一者，可获得奖励：

（1）工作有出色或超常的业绩；

（2）员工一致拥护和推荐；

（3）检举违规或损害企业利益的行为；

（4）对企业经营业务或管理制度提出有效的合理化建议得到采纳实施，并取得重大成果和显著成绩；

（5）为企业取得重大社会荣誉或其他特殊贡献，足为员工表率。

（6）……（请补充）

第五条　企业设有“管理创新奖”“合理化建议奖”“优秀员工奖”“优秀团队奖”等奖项，在每个工作年度结束后，人力资源部组织评选活动，对工作中表现优异的员工给予奖励。

第六条　员工获得“管理创新奖”奖励应符合下列条件：

（1）部门管理有重大创新举措，为公司管理降低成本；

（2）……（请补充）

第七条　员工获得“合理化建议奖”奖励应符合下列条件：

（1）为公司管理提供的合理化建议得到高层采纳并取得显著的管理效益；

（2）……（请补充）

第八条　员工获得“优秀员工奖”奖励应符合下列条件：

（1）入职 1 年以上；

（2）在岗位工作中取得突出业绩；

（3）……（请补充）

第九条　团队获得“优秀团队奖”奖励应符合下列条件：

（1）团队战斗力强，取得突出的业绩；

（2）……（请补充）

第十条　各种奖项的奖励标准如下：

……（请根据企业实际规定补充）

第三章　处　罚

第十一条　员工受到的处罚主要包括批评、记过、扣绩效、降级降职、辞退。

第十二条　员工有下列情形之一，予以批评：

（1）工作拖沓，上班期间穿着不整洁者；

（2）……（请补充）

第十三条　员工有下列情形之一，予以记过处理：

（1）上班期间经常浏览和工作无关网站者；

（2）……（请补充）

第十四条　员工有下列情形之一，予以扣绩效处理：

（1）由于工作疏忽给公司造成重大经济损失者；

（2）……（请补充）

第十五条　员工有下列情形之一，予以降级降职处理：

（1）连续 2 个季度考核不合格者；

（2）……（请补充）

第十六条　员工有下列情形之一，予以辞退处理：

（1）严重违反工作纪律，给公司造成重大经济损失者；

（2）泄露公司商业机密者；

（3）……（请补充）

第四章　附　则

员工奖惩的核实由人力资源部负责跟踪和落实。

本项管理规定最终解释权归人力资源部。

实战经验分享

何种行为需要批评，何种行为需要记过，不同公司规定不同，业界没有千篇一律的固定法则，只要规定合情合理即可。

此外，重要的是规定要公示，走合法的发布流程，确保规定的有效性。

9.7 专项培训管理

对劳动者进行专业技术培训，包括专业知识和职业技能，如从国外引进一条生产线、一个项目，必须有能够操作的人，为此，把劳动者送到国外去培训，回来以后从事相关工作，此种类型的培训属于专项培训。

《劳动合同法》第二十二条规定："用人单位为劳动者提供专项培训费用，对其进行专业技术培训的，可以与该劳动者订立协议，约定服务期。劳动者违反服务期约定的，应当按照约定向用人单位支付违约金。违约金的数额不得超过用人单位提供的培训费用。用人单位要求劳动者支付的违约金不得超过服务期尚未履行部分所应分摊的培训费用。用人单位与劳动者约定服务期的，不影响按照正常的工资调整机制提高劳动者在服务期期间的劳动报酬。"

企业与员工签订培训协议要特别注意以下细节约定：

1. 培训协议应作为双方签订的《劳动合同》的附件，如果培训协议的服务期限未到，企业与职工在续签劳动合同时应约定培训服务期限与劳动合同期限一致。

2. 企业在与员工签订培训协议时要注意写清培训名称、培训费用（多人参加的集体培训注意要均摊）、培训具体起止时间、培训后的服务期限以及起止时间也要写清楚。

3. 在培训协议中，对于因个人原因中途不参加培训的员工要有明确的处罚标准，并且有必要在培训协议中写明。

4. 在培训协议中，明确规定培训后要提交个人培训总结或与企业内部人员分享培训心得等作为参加培训的证据。

5. 在培训协议中对于服务期限要明确约定，对于多次参加培训的要注意累加计算问题。

6. 对于违约责任要明确约定，注意培训协议与公司有关具体规定是否有相悖之处及如何处理等。

【经典案例 5】为员工提供培训配套费用如差旅费用，是否在企业追偿范围？

案例介绍

高某入职后业绩表现突出，公司决定送他出国参加技术培训，出国培训前公司与高某签订培训协议，培训协议中约定了双方的义务和违约责任。培训协议签订后高某出国参加了为期 2 个月的培训。

回国 3 个月后高某被猎头“挖”走，企业开始追偿培训费用，包括出国差旅费在内。高某认为其只需支付培训费用，出国差旅费等费用不应包括在内，企业则坚持追偿，高某最终向当地仲裁机构提请仲裁。

案例分析

本案的问题和争议焦点：为员工提供培训配套费用如差旅费用是否在企业追偿范围？

《劳动合同法》第二十二条规定，“用人单位为劳动者提供专项培训费用，对其进行专业技术培训的，可以与该劳动者订立协议，约定服务期。劳动者违反服务期约定的，应当按照约定向用人单位支付违约金”，但是对技术培训费用是否包括配套费用没有明确规定。

在实际人力资源管理实践中，对于脱产培训期间的培训费用、食宿、差旅费用，只要是从公司培训经费中予以报销的，都可以认定为培训费用。

如果在《培训协议》中明确约定培训期间的培训费用、食宿、差旅费用都属于专项培训费用的，企业就可以追偿，如果事先没有约定的，公司不能在解除合同时另行主张培训费用。

实战经验分享

根据《劳动合同法》第二十二条第一款的规定：用人单位为劳动者提供专项培训费用，对其进行专业技术培训的，可以与该劳动者订立协议，约定服务期。

关于培训协议，参考格式如表 9–6 所示：

表 9–6 员工培训协议书

受训员工		身份证号	
课程名称		培训日期	
培训机构			
协议要点	1. 培训费用 • 所有与该项目有关的直接培训费用（包括培训费、教材资料费、证书费等）由甲方全额支付，累计________元（大写为人民币__________）。 • 受训员工学习时间计入工作时间之内，按连续工龄累计。 • 乙方若培训不合格而未能取得相应的证书，甲方先行支付的培训费由乙方负责补偿给甲方。 • 若由于乙方原因数次培训未合格，其间因补考而发生的培训费及相关的考试费、资料费，甲方可替乙方先行垫付，后乙方须补偿给甲方。 2. 培训管理 • 受训员工应自觉遵守培训方的各项规定与要求。 • 乙方应遵守公司劳动纪律和人事管理等各项规章制度。乙方严重违反公司制度，甲方有权解除本协议并要求乙方赔偿培训费用。 • 乙方应遵守甲方制定的培训管理制度。乙方严重违反培训管理制度，甲方有权解除本协议并要求乙方赔偿全部培训费用。 • 培训结束后，乙方应为甲方服务满______年（自______年____月____日至______年____月____日，累计____月），乙方服务不满此年限的，按照未服务月数占应服务月数的比例来支付赔偿。 3. 其他约定 • 本协议一式两份，具有同等法律效力。 • 本协议自签字之日起生效。		
双方确认	企业（盖章）：　　受训员工（签字 / 日期）：		

实战经验分享

培训协议是留住核心人才的一项举措，从一定意义上来讲，培训也是企业给这些人才的福利，必须注意的是违约金的数额不得超过公司提供的培训费用。公司要求劳动者支付的违约金不得超过服务期尚未履行部分所应分摊的培训费用。

用人单位对劳动者进行专业技术培训，通常需要投入巨大的资金和物力，为了避免约定不清给自己带来不必要的损失，用人单位在出资对劳动者进行专业培训前，应当与劳动者签订培训协议，明确约定劳动者接受培训后应当为企业服务的期限及违反服务期约定的劳动者应当承担的违约责任。

9.8 在职保密管理

《劳动合同法》第二十三条规定："用人单位与劳动者可以在劳动合同中约定保守用人单位的商业秘密和与知识产权相关的保密事项。对负有保密义务的劳动者，用人单位可以在劳动合同或者保密协议中与劳动者约定竞业限制条款，并约定在解除或者终止劳动合同后，在竞业限制期限内按月给予劳动者经济补偿。劳动者违反竞业限制约定的，应当按照约定向用人单位支付违约金。"

与员工签订保密协议是企业管理的实际需要，在实际工作中，要使保密协议具有真正的实效。

企业与员工签订的保密协议应当包括以下关键内容：

1. 保密范围：应在合同中明确界定哪些信息或技术属于商业秘密，建议针对公司实际情况作出非常细致的描述，主要范围不仅包括研发技术、文档，还要包括客户文档等。

2. 保密义务：明确约定员工应当负有保护本企业商业秘密的义务，确定保密义务以后，应确定员工的哪些行为属于泄密行为。

3. 保密期限：明确员工承担保密义务的具体期限，离职后是否还要员工保守商业秘密以及保密的期限。

4. 脱密期约定：明确员工单方面要求解除劳动合同的提前通知期（最长不

得超过 6 个月），在此期间企业可以采取相应的脱密措施，如调整其工作岗位、变更劳动合同的相关内容等。

5. 违约责任：如员工违反保密义务，泄露企业商业秘密，应如何承担违约责任，这里应明确不同的违约行为对应不同的违约责任，对违约金的数额应作出明确约定。

【经典案例 6】如何使企业的《竞业限制协议》真正奏效？

案例介绍

姜某是某企业员工，双方签合同时还附签了一份《员工保密协议书》（以下简称保密协议），约定了该企业每月应向姜某支付的保密金数额，并约定在解除或终止劳动合同后 2 年内，姜某不得到与该企业有竞争关系的其他单位工作，也不得自己开公司从事同类业务。保密协议中还约定，若姜某在离职后的竞业限制期内违反竞业限制义务，应返还企业支付的全部竞业限制经济补偿金并承担 10 万元违约金。

姜某与该企业解除劳动关系后，该企业与姜某签订了《竞业限制协议》，要求姜某严格按照保密协议约定的条款，执行竞业限制义务，并向姜某支付了竞业限制经济补偿金。后来，姜某到另一家与原企业经营范围存在竞争关系的企业工作，并隐瞒这一情况。

企业调查后以姜某违反保密协议和竞业限制为由，向劳动争议仲裁委员会申请仲裁。

姜某对仲裁裁决不服，起诉到当地人民法院。姜某认为自己既不是企业的高层管理人员，也不是高级技术人员，自己不属于《劳动合同法》中关于竞业限制范围的人员，不应承担违约责任。

法院经审理后认为，姜某与企业签订了《竞业限制协议》，双方应按此约定严格履行义务，法院对姜某的起诉不予支持，姜某应按照双方协议的约定承担违约赔偿责任。

案例分析

企业只有与离职员工签订了有效的《竞业限制协议》，并且在离职后按时发放离职竞业补偿金，竞业限制约定才能产生实际的法律效力。

9.9　服务期的管理

《劳动合同法》第二十二条规定，“用人单位为劳动者提供专项培训费用，对其进行专业技术培训的，可以与该劳动者订立协议，约定服务期。劳动者违反服务期约定的，应当按照约定向用人单位支付违约金。违约金的数额不得超过用人单位提供的培训费用。用人单位要求劳动者支付的违约金不得超过服务期尚未履行部分所应分摊的培训费用”。

《劳动合同法实施条例》第十六条规定：“劳动合同法第二十二条第二款规定的培训费用，包括用人单位为了对劳动者进行专业技术培训而支付的有凭证的培训费用、培训期间的差旅费用以及因培训产生的用于该劳动者的其他直接费用。”

10 第十章

劳动合同变更——做到合法合情合理

- 劳动合同关键条款有哪些?
- 合同变更应坚持哪些原则?
- 合同变更如何来规范流程?

《劳动合同法》第三十五条规定:“用人单位与劳动者协商一致,可以变更劳动合同约定的内容。变更劳动合同,应当采用书面形式。变更后的劳动合同文本由用人单位和劳动者各执一份。”这条规定是劳动合同变更的法律依据。

此外需要特别注意《劳动合同法》中无须变更劳动合同的规定:

第三十三条 用人单位变更名称、法定代表人、主要负责人或者投资人等事项,不影响劳动合同的履行。

第三十四条 用人单位发生合并或者分立等情况,原劳动合同继续有效,劳动合同由承继其权利和义务的用人单位继续履行。

10.1 劳动合同关键条款

劳动合同是用人单位和劳动者之间关于确立、变更、终止和解除劳动权利、义务的协议,是劳动关系产生的基础,是维护劳动合同双方当事人合法权益的法律保障之一。

根据我国《劳动合同法》的规定,劳动合同可以分为两部分:必备条款和备选条款。必备条款的含义就是合同中必须具备的条款,如果缺少其中之一,这个合同将被视为无效合同。

根据《劳动合同法》第十七条的规定，劳动合同必须具备以下条款：

1. 用人单位的名称、住所、法定代表人或者主要负责人的姓名。

2. 劳动者的姓名、住址和居民身份证号或者其他有效身份证件号码。

3. 劳动合同的期限。

合同期限主要分为固定期限、无固定期限以及完成一定工作的期限。不论签一年、两年或三年，都必须有起止日期，如果没有明确期限应该视为无固定期限。

4. 工作内容和工作地点。

工作内容应该体现在劳动合同中，如具体的岗位，负责的工作内容等。

工作地点也很重要，劳动合同中必须约定劳动地点，否则很容易产生纠纷。比如，劳动合同中约定了工作地点在北京，有一天用人单位要把劳动者调到深圳，劳动者可以不接受，因为合同中已经约定了工作地点，随意变更工作地点属于用人单位违约。

5. 工作时间和休息休假。

有些企业对研发人员实行弹性工作制（每天满 8 小时即可），对职能部门则实行固定工作制，都要在合同中说明。

6. 劳动报酬。

劳动报酬对于每个劳动者都是非常重要的，劳动报酬应该明确地写在劳动合同中，包括薪酬结构、薪酬比例以及金额、税前还是税后等。

7. 社会保险。

《社会保险法》规定用人单位必须为员工缴纳社会保险，也就是我们通常说的五险一金，其中包括养老保险、失业保险、医疗保险、工伤保险、生育险和住房公积金。住房公积金也是一个强制缴纳的项目，如果不缴纳用人单位就违法。

8. 劳动保护、劳动条件和职业危害防护。

对于有些特殊行业，如有毒有害、高温高压等行业，从事像机械类、海上作业、航空等比较危险的职业，这一点尤为重要。

9. 弹性条款。

法律法规规定的其他应纳入劳动合同的条款就是弹性条款。

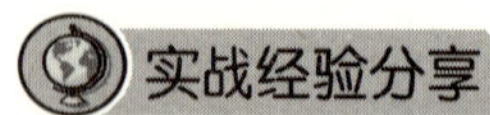

企业劳动合同书要按照劳动法律法规规定的条款，规范统一的格式，这对于规范管理非常重要。

10.2 合同变更管理原则

劳动合同的变更是在原合同的基础上对原劳动合同内容做部分修改、补充或者删减，而不是签订新的劳动合同。原劳动合同未变更的部分仍然有效，变更后的内容取代了原合同的相关内容，新达成的变更协议条款与原合同中的其他条款具有同等的法律效力，对双方当事人都有约束力。

劳动合同变更的条件：

1. 当事人提出变更劳动合同的时间必须在合同的有效期内；

2. 变更劳动合同，应当遵循平等自愿、协商一致的原则，不得违反法律、行政法规的规定；

3. 变更的是尚未履行或尚未完全履行的有效条款；

4. 变更劳动合同，应当采取书面形式记载变更的内容，注明变更的时期，由双方当事人签字、盖章后生效。

劳动合同变更的情形：

1. 劳动合同订立时所依据的客观情况发生重大变化，致使原劳动合同无法继续履行；

2. 订立劳动合同所依据的法律、行政法规发生了变化，为保持劳动合同的法律效力，需要变更劳动合同相关的内容；

3. 用人单位经上级主管部门批准或依据政府有关决定，致使生产经营管理发生重大变化的；

4. 用人单位严重亏损，确实无法履行劳动合同的；

5. 因劳动者本人的原因，如身体、技能等发生变化，无法履行原来劳动合同的约定的。

应注意的是，劳动合同的变更要及时进行。提出变更劳动合同的主体可以是用人单位，也可以是劳动者，无论是哪一方要求变更劳动合同，都应当及时向对方提出变更劳动合同的要求，说明变更劳动合同的理由、内容和条件等。

如果应该变更的劳动合同内容没有及时变更，由于原条款继续有效，往往使劳动合同不适应变化的新情况，从而引起不必要的争议。

当事人一方得知对方变更劳动合同的要求后，应在对方规定的合理期限内及时作出答复，不得对对方提出的变更劳动合同的要求置之不理。因为根据《劳动法》及《劳动合同法》的有关规定，劳动合同订立时所依据的客观情况发生重大变化，致使劳动合同无法履行，如果用人单位经与劳动者协商，未能就变更劳动合同内容达成协议的，则可能导致用人单位单方解除劳动合同。

10.3　合同变更管理流程

在进行合同变更管理过程中，主要遵循以下几个步骤：

一、及时提出要求

及时向对方提出变更劳动合同的要求，说明变更劳动合同的理由、内容以及变更条件等，要特别注意所提出的要求不能无理甚至违法。

二、按期向对方作出答复

即当事人一方得知对方变更劳动合同的要求后，应在对方规定的合理期限内作出答复，不得对对方提出的要求置之不理。

三、双方达成书面协议

即当事人双方就变更劳动合同的条款经过协商，取得一致意见，达成变更劳动合同的书面协议，书面协议应指明对哪些条款作出变更，并应说明变更后劳动合同的生效日期。

《劳动合同变更协议书》范本

甲方授权代表：__________

乙方：__________　（身份证号______________）

甲乙双方在平等自愿、协商一致的前提下，对_____年____月____日签订的《劳动合同书》变更事项达成如下协议：

1. 劳动合同变更内容：

（1）

（2）

（3）

2. 本协议签订后，原劳动合同仍继续履行，但变更条款按照本协议执行。

3. 本协议一式两份，甲乙双方各持一份，均具同等法律效力。

甲方（盖章）

乙方（签名）

协议签署日期：　　　年　　　月　　　日

此外，企业还可以在《劳动合同书》中附加变更页，方便合同的统一管理。

第四篇

劳动合同的解除和终止

11 第十一章 劳动合同解除——好聚好散的管理智慧

- 即时解除都包括哪些情形?
- 预告解除都包括哪些情形?
- 企业裁员应注意哪些事项?
- 违法解除的后果都有哪些?

11.1 即时解除

劳动合同的解除是指劳动合同订立后，尚未全部履行前，由于某种原因导致劳动合同一方或双方当事人提前解除劳动关系的法律行为。

劳动合同的解除可分为协商解除、法定解除和约定解除三种情况。即时解除属于法定解除的一种情况。

A：协商解除

《劳动合同法》第三十六条规定："用人单位与劳动者协商一致，可以解除劳动合同。"

需要说明的是，协商解除可以立即解除协议，也可以延期解除劳动关系。当然协商的所有条件都要纳入双方签署的《协议书》中。

B：法定解除

符合法定解除条款时，无论劳动者或者企业都可以单方提出解除。

• 劳动者可以解除劳动合同的情形

《劳动合同法》第三十八条规定，用人单位有下列情形之一的，劳动者可以解除劳动合同：

1. 未按照劳动合同约定提供劳动保护或者劳动条件的；

2. 未及时足额支付劳动报酬的；

3. 未依法为劳动者缴纳社会保险费的；

4. 用人单位的规章制度违反法律、法规的规定，损害劳动者权益的；

5. 因本法第二十六条第一款规定的情形致使劳动合同无效的；

6. 法律、行政法规规定劳动者可以解除劳动合同的其他情形。

用人单位以暴力、威胁或者非法限制人身自由的手段强迫劳动者劳动的，或者用人单位违章指挥、强令冒险作业危及劳动者人身安全的，劳动者可以立即解除劳动合同，不需事先告知用人单位。

• 用人单位可以解除劳动合同的情形

《劳动合同法》第三十九条规定，用人单位可以即时解除的情形：

1. 在试用期间被证明不符合录用条件的；

2. 严重违反用人单位的规章制度的；

3. 严重失职，营私舞弊，给用人单位造成重大损害的；

4. 劳动者同时与其他用人单位建立劳动关系，对完成本单位的工作任务造成严重影响，或者经用人单位提出，拒不改正的；

5. 因本法第二十六条第一款第一项规定的情形致使劳动合同无效的；

6. 被依法追究刑事责任的。

C：约定解除

企业和劳动者可以约定劳动关系解除的触发条件，一旦约定条件生效，劳动关系自动解除。

例如，企业和劳动者签署《业绩对赌协议》，其中可约定如果劳动者在一定期限内达不到业绩要求，应主动引咎辞职。

11.2 预告解除

预告解除主要针对员工非过失性辞退。

非过失性辞退的法定许可性条件一般限于在劳动者无过错的情况下，由于主客观情况的变化而导致劳动合同无法履行的情形。预告解除时，用人单位需提前三十日书面通知劳动者。

《劳动合同法》第三十七条规定：“劳动者提前三十日以书面形式通知用人

单位，可以解除劳动合同。劳动者在试用期内提前三日通知用人单位，可以解除劳动合同。”

《劳动合同法》第四十条规定了用人单位预告解除劳动合同的情形：

第四十条　有下列情形之一的，用人单位提前三十日以书面形式通知劳动者本人或者额外支付劳动者一个月工资后，可以解除劳动合同：

1. 劳动者患病或者非因工负伤，在规定的医疗期满后不能从事原工作，也不能从事由用人单位另行安排的工作的；

2. 劳动者不能胜任工作，经过培训或者调整工作岗位，仍不能胜任工作的；

3. 劳动合同订立时所依据的客观情况发生重大变化，致使劳动合同无法履行，经用人单位与劳动者协商，未能就变更劳动合同内容达成协议的。

以上情形对应的事实（证据）：

1. 劳动者患病或非因工负伤，医疗期满后，不能从事原工作也不能从事由用人单位另行安排的工作。

- 医疗期是指劳动者根据其工龄等条件依法可以享受的停工医疗并发给病假工资的期间，不是劳动者病伤治愈实际需要的医疗期。医疗期期限要依据《企业职工患病或非因工负伤医疗期规定》来确定。
- 对于某些患特殊疾病（如癌症、精神病、瘫痪等）的可以适当延长医疗期，延长医疗期是否需要公司批准还是自动延长，各地政策不一致，请认真查询核实 。

2. 劳动者不能胜任工作，经过培训或调整工作岗位，仍不能胜任工作。

- 根据原劳动部办公厅《关于〈劳动法〉若干条文的说明》（劳办发〔1994〕289号）第二十六条第三款规定：“本条第（二）项中的‘不能胜任工作’，是指不能按要求完成劳动合同中约定的任务或者同工种、同岗位人员的工作量。用人单位不得故意提高定额标准，使劳动者无法完成。”
- 劳动者不能胜任劳动合同所约定的工作，用人单位应对其进行培训或者为其调整工作岗位，如果劳动者仍不能胜任原约定的工作，或者对重新安排的工作也不胜任，就意味着劳动者缺乏履行劳动合同的劳动能力。
- 对用人单位而言，为了确保考核的客观公正性，在实际管理中对于岗位考核目标能量化的尽可能量化，避免主观评价（如态度好坏等）。

- 绩效考核依据要详尽、可操作性强，考核尽可能客观可量化并且不存在分歧，考核内容要尽量避免主观判断，保证客观公正；用人单位与被考核者保持友好的绩效沟通，考核过程和结果均由劳动者签名确认，如能做到这一点，绩效考核证据会非常客观公正；在绩效考核制度中明确规定如果劳动者不签名确认考核过程和结果，用人单位可以用公告或者发邮件等方式告知，并规定如有异议应在期限内提出，否则视为认可。

3. 劳动合同订立时所依据的客观情况发生重大变化，致使劳动合同无法履行，经当事人协商不能就变更劳动合同达成协议。

- 客观情况是指履行原劳动合同所必要的客观条件，如自然条件、原材料或能源供给条件、生产设备条件、产品销售条件、劳动安全卫生条件等。
- 发生重大变化有两个前提：不可抗力和未为当事人预料且不能为当事人预料的，如地震、水灾、战争或国家经济调整、企业兼并或迁移等。如果这些重大变化足以使原劳动合同发生不能履行或不必要履行的变化，用人单位应当就劳动合同变更问题与劳动者协商；如果劳动者不同意变更劳动合同，原劳动合同所确立的劳动关系就没有存续的必要。
- 有些企业以组织结构调整为噱头作为“客观情况发生重大变化”，这是不合法的。

实战经验分享

很多企业认为企业没有权利直接解除劳动合同，否则容易招致“双倍赔偿”的风险，事实上《劳动合同法》第四十条已经给予企业单方面解除劳动合同的权利，企业只要掌握经得起考验的证据，就可以单方面通知员工解除劳动合同，无须和员工协商。

11.3 企业裁员

《劳动合同法》第四十一条是关于裁员的规定，有下列情形之一，需要裁减人员 20 人以上或者裁减不足 20 人但占企业职工总数 10% 以上的，用人单位应提前 30 日向工会或者全体职工说明情况，听取工会或者职工的意见后，裁减人员方案经向劳动行政部门报告，可以裁减人员：

1. 依照企业破产法的规定进行重整的；

2. 生产经营发生严重困难的；

3. 企业转产、重大技术革新或者经营方式调整，经变更劳动合同后，仍需裁减人员的；

4. 其他因劳动合同订立时所依据的客观经济情况发生重大变化，致使劳动合同无法履行的。

《劳动合同法》第四十一条规定企业裁减人员时，应当优先留用下列人员：

1. 与本单位订立较长期限的固定期限劳动合同的；

2. 与本单位订立无固定期限劳动合同的；

3. 家庭无其他就业人员，有需要扶养的老人或者未成年人的。

用人单位依照本条第一款的规定裁减人员，在 6 个月内重新招用人员的，应当通知被裁减的人员，并在同等条件下优先招用被裁减的人员。

11.4 违法解除

《劳动合同法》第八十七条规定，用人单位违反本法规定解除或者终止劳动合同的，应当依照本法第四十七条规定的经济补偿标准的二倍向劳动者支付赔偿金。

用人单位违法解除劳动合同可以分为如下三种情况：

一、法律明确规定不得解除劳动合同但用人单位强行解除

根据《劳动合同法》第四十二条的规定，劳动者有下列情形之一的，用人单位不得依照本法第四十条、第四十一条的规定解除劳动合同：

1. 从事接触职业病危害作业的劳动者未进行离岗前职业健康检查，或者疑似职业病病人在诊断或者医学观察期间的；

2. 在本单位患职业病或者因工负伤并被确认丧失或者部分丧失劳动能力的；

3. 患病或者非因工负伤，在规定的医疗期内的；

4. 女职工在孕期、产期、哺乳期的；

5. 在本单位连续工作满 15 年，且距法定退休年龄不足 5 年的；

6. 法律、行政法规规定的其他情形。

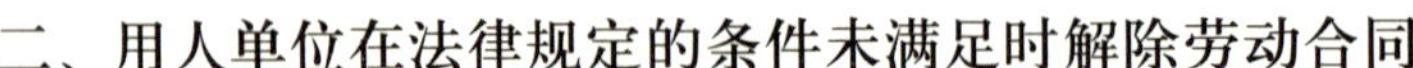

二、用人单位在法律规定的条件未满足时解除劳动合同

根据《劳动合同法》的规定，在相关条件满足的情况下，用人单位可以分别协议解除劳动合同、单方即时解除劳动合同和单方预告解除劳动合同。

协议解除劳动合同的条件：根据《劳动合同法》第三十六条的规定，用人单位与劳动者协商一致，可以解除劳动合同。如果用人单位打算协议解除劳动合同却没能与劳动者达成一致意见，则协议解除的条件不存在。如果此时用人单位强行解除劳动合同，其应当承担相应的法律责任。

三、用人单位解除劳动合同的程序不符合法律规定

为了保护劳动者的合法权利，防止用人单位滥用解除合同的权利，用人单位在解除劳动合同时应当遵循法律规定的程序。如果用人单位在解除劳动合同时不遵循法律规定的程序，其行为同样构成《劳动合同法》第四十八条规定的违法解除劳动合同，并因此承担相应的法律责任。

用人单位依据《劳动合同法》第四十条解除劳动合同的程序：用人单位提前 30 日以书面形式通知劳动者本人或者额外支付劳动者 1 个月工资，同时用人单位应当事先将理由通知工会。应当注意的是，如果用人单位选择额外支付劳动者 1 个月工资，则用人单位无须提前 30 日书面通知劳动者本人即可解除劳动合同。

用人单位根据《劳动合同法》第四十一条解除劳动合同的程序：用人单位提前 30 日向工会或者全体职工说明情况，听取工会或者职工的意见后，将裁减人员方案向劳动行政部门报告。

【经典案例】员工在医疗期内，公司能否解除劳动关系？

案例介绍

谢某因病住院治疗，向公司部门主管请病假 1 个月，后因手术需卧床恢复数月，谢某又口头续假 2 个月。公司发出公告以谢某请假逾期未归且未办理续假手续，违反公司请假制度为由，对谢某按自动离职处理。

谢某与公司签有正式的书面劳动合同。经与公司协商未果，谢某决定通过

法律途径维护其权益。

案例分析

劳动者在进入企业工作的时候，应先签订劳动合同。在公司侵害劳动者利益的时候，劳动者首先应证明劳动关系的存在；其次应证明公司的行为违反了相关的合同约定或相关的法律规定。我国法律规定，员工处于法定医疗期内，用人单位不得解除劳动合同。本案中，公司擅自解除与谢某的劳动关系，违反了法律的规定。

12 第十二章 劳动合同转移、中止和终止——谨慎处理很重要

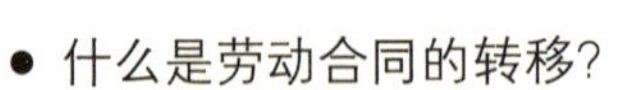

- 什么是劳动合同的转移?

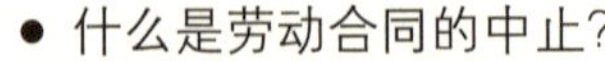

- 什么是劳动合同的中止?
- 劳动合同中止有哪些常见情形?
- 什么是劳动合同的终止?
- 劳动合同终止有哪些常见情形?

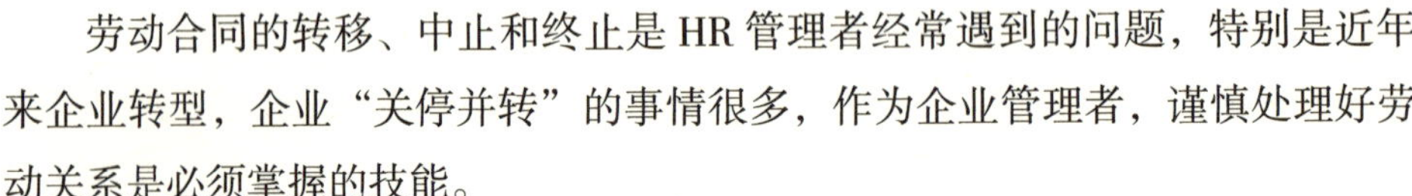

劳动合同的转移、中止和终止是 HR 管理者经常遇到的问题，特别是近年来企业转型，企业“关停并转”的事情很多，作为企业管理者，谨慎处理好劳动关系是必须掌握的技能。

12.1 劳动合同转移

企业“关停并转”中的“并”和“转”涉及劳动关系转移的问题。

1. 企业并购一般分为股权并购或者资产并购

股权并购。从法律角度来讲，某家公司股东更换，原来的股东把所持股份卖给一个新的股东，这属于股权并购。这种情况下，只要被并购公司仍然是原来的公司，企业名称变化、股东变化、法人变化都不影响劳动合同履行的有效性。所以从法律法规的层面来讲，这种并购在员工劳动关系处理层面也是非常简单的，不会涉及任何的劳动合同解除、终止相关补偿的问题，这种情况下员工劳动关系不涉及变更问题。

资产并购指的是不要原企业的股权也不成为原企业的股东，新企业要购买原企业的某些资产，如购买核心技术、品牌或者某项核心业务等。资产并购以后，从被并购方的角度来讲，它把这些核心资产卖掉了，那么跟这些资产相对应的员工一般情况下就没办法雇用了，要么要求并购方接收这些员工，要么自己想办法处理，用类似于裁员或者协商解决的办法等。在这种情况下资产出售方与员工之间的这些劳动合同就要解除，然后员工再跟资产收购方签订新的劳动合同。如果员工不愿意到收购方工作，就涉及协商解除劳动合同的问题。

上市公司借壳上市的属于典型的资产并购，在这种情况下，被借壳的公司员工需要单独迁移到一个新的企业实体中（让出“壳”给“借壳方”）。

这种情况下，对于原公司员工有个合理的交代是必要的，员工最关心的是工龄的连续性及各种待遇的连续性，企业一般可采取《员工劳动关系变更协议书》的方式确保员工的利益（见表 12–1）：

表 12–1　员工劳动关系变更协议书

<table>
<tr><td>员工姓名</td><td></td></tr>
<tr><td>身份证号</td><td></td></tr>
<tr><td>《劳动合同》签约主体</td><td></td></tr>
<tr><td>最近一次《劳动合同》
签订日期及有效期限</td><td>最近一次签订日期为____年____月____日
有效期至____年____月____日止（□无固定期限劳动合同）</td></tr>
<tr><td colspan="2">鉴于________原因，上述员工及其劳动关系从（原公司名称）将转移至（新公司名称），同时员工的社会保险关系和住房公积金将一并转移至（新公司名称），员工在本确认单签字后（原公司名称）和员工劳动关系彻底解除，（新公司名称）将与员工签署新的《劳动合同》并开始生效。
（1）在上述劳动关系转移过程中，在（新公司名称）中员工的工龄及社会保险关系和住房公积金与（原公司名称）均连续计算，（原公司名称）中各项管理制度继续生效直至（新公司名称）发布新的管理制度。
（2）（新公司名称）与员工订立新的《劳动合同》，均不导致各方互相给予经济补偿和（或）赔偿的结果。
其他约定：
（1）
（2）
（3）</td></tr>
</table>

续表

【公司盖章】	（原公司盖章） （新公司盖章）
【员工确认】	本人同意本确认单的内容，特此签字： ____________________ ____年____月____日

当然，如果原企业以合理补偿“买断员工工龄”，通过协商解除劳动合同可以解除一部分员工的劳动关系。

总之，在收购兼并过程中，原企业与新企业必须就责任、权利做好谈判。

实战经验分享

资产收购和股权收购最大的区别：股权收购是劳动关系继承的问题，资产收购是劳动关系转移的问题。

2. 关于“转”的问题

这里的“转”常见的有企业转厂、产线转移、企业搬迁、产线搬迁，这种情况下涉及劳动合同变更问题。

主要变更要点：劳动合同地点变更（如企业从高成本地区搬迁到低成本地区）、薪酬调整（发达地区和不发达地区待遇不一样）等。

企业在“转”的过程中涉及的最大问题是员工是否愿意同时“转”，对此，企业可采用以下几种方式：

（1）愿意转的：企业与劳动者双方协商一致进行劳动合同变更。

（2）因客观原因不愿意“转”的：可友好协商达成劳动合同解除协议（签订协议书，企业给予补偿，如 N+1、N+2……）。

（3）无理取闹的：协商无法达成协议的，企业单方面解除劳动合同即可。

- “撒手锏”的依据：根据《劳动合同法》第四十条第三项的规定：“劳动合同订立时所依据的客观情况发生重大变化，致使劳动合同无法履行，经用人单位与劳动者协商，未能就变更劳动合同内容达成协议的。”
- 企业处理流程：公司提前一个月通知，或者多支付 1 个月工资的代通知金，公司可以单方面解除劳动合同。

• 补偿标准：N+1。

企业在处理“转”的过程中，必须本着友好协商的原则处理，要注意沟通技巧，取得员工的支持和理解，力争把各种管理隐患和风险消灭在萌芽中。

12.2　劳动合同中止

劳动合同中止是指劳动合同存续期间，由于某些因素导致劳动关系主体双方的主要权利义务在一定时期内暂时停止行使和履行，待中止期限届满后，再恢复到以前的正常状态。对于劳动合同中止的概念可以从以下几个方面进行理解。

第一，通过分析劳动合同中止的概念可以看出劳动合同中止具有以下特点：

1. 此前当事人之间已经建立了劳动法律关系。这里的劳动法律关系是指劳动关系被《劳动法》调整而形成的权利和义务关系，它不同于劳动关系，也不同于事实劳动关系，劳动合同中止是建立在劳动合同这一明确法律关系的基础上的。

2. 中止行为一般需要双方的合意或者直接援引法律规定，在极少数情况下会出现当事人基于单方意思而实施片面中止行为。中止事由的发生取决于合同期内当事人是否能实际履行劳动合同。这里一般不考虑当事人的主观原因，除非当事人涉嫌故意犯罪。

3. 中止期间当事人之间的权利和义务内容冻结或呈现明显失衡。这是由《劳动法》的性质决定的，权利义务的失衡通常表现为用人单位在此期间不得减轻其法定的义务。

4. “中止”不是“解除”，也不是“终止”，它意味着当事人对中止期限届满后重续权利义务的一种法律允诺或法律强制。

5. 中止有一定期限，但期限长短取决于中止原因，多数情况下，劳动合同中止期限有上限，但没有下限。

第二，从时间来看，劳动合同中止的条件一般有以下几个：

1. 劳动者应征入伍或者离职履行国家规定的其他义务的，劳动合同应当中止或者部分中止履行。

例如，根据《中华人民共和国兵役法》第五十条的规定，义务兵和军士入伍前是机关、团体、事业单位或者国有企业工作人员的，退出现役后可以选择复职复工。

2. 劳动者因被依法限制人身自由而不能履行劳动合同约定义务的，劳动合同可以中止或者部分中止履行。

根据《劳动部关于贯彻执行〈中华人民共和国劳动法〉若干问题的意见》第二十八条的规定，劳动者涉嫌违法犯罪被有关机关收容审查、拘留或逮捕的，用人单位在劳动者被限制人身自由期间，可与其暂时停止劳动合同的履行。暂时停止履行劳动合同期间，用人单位不承担劳动合同规定的相应义务。劳动者经证明被错误限制人身自由的，暂时停止履行劳动合同期间劳动者的损失，可由其依据《中华人民共和国国家赔偿法》要求有关部门赔偿。

3. 用人单位与劳动者中的一方因不可抗力不能履行劳动合同的，另一方可以根据不可抗力的影响，中止或者部分中止履行劳动合同。

例如，企业停产、转产、机构调整、联营，其有关停产、转产、机构调整、联营的期限可以作为劳动合同中止的条件。再如，劳动者意外失踪的，也可以作为劳动合同中止的条件，因为劳动者意外失踪并不必然导致劳动合同的终止，只有当劳动者因下落不明被人民法院宣告死亡后，劳动合同才终止。

4. 用人单位与劳动者协商一致，可以中止或者部分中止履行劳动合同。

第三，劳动合同中止的情形主要有以下几个方面：

1. 用人单位中止

具备法定的中止事由，用人单位可以中止履行劳动合同。

例如，用人单位由于经营不善停产息工而中止履行劳动合同。

2. 劳动者中止

劳动者暂时无法履行劳动合同规定的义务但是仍然有继续履行的条件，造成劳动合同中止。

例如，劳动者应征服兵役、涉嫌违法犯罪被暂时羁押、失踪但是尚未被人民法院宣告失踪或死亡等，都是劳动者无法履行劳动义务而中止履行劳动合同的情形。

3. 用人单位和劳动者协商一致中止

用人单位和劳动者协商一致，可以中止或者部分中止履行劳动合同。

例如，停薪留职等，劳动者和用人单位协商一致可以中止履行劳动合同（见

表 12–2)。

表 12–2　劳动合同中止确认书

<table>
<tr><td>员工________（身份证号：________________）与我公司订立的劳动合同，由于_______________原因中止合同履行。
中止期限自_____年___月___日至_____年___月___日。
员工（签字）
（公司盖章）
年　　月　　日</td></tr>
</table>

12.3　劳动合同终止

劳动合同终止，是指劳动合同的法律效力依法被消灭，亦即劳动合同所确立的劳动关系由于一定法律事实的出现而终结，劳动者与用人单位之间原有的权利和义务不复存在。

《劳动合同法》第四十四条规定，有下列情形之一的，劳动合同终止：

（一）劳动合同期满的；

（二）劳动者开始依法享受基本养老保险待遇的；

（三）劳动者死亡，或者被人民法院宣告死亡或者宣告失踪的；

（四）用人单位被依法宣告破产的；

（五）用人单位被吊销营业执照、责令关闭、撤销或者用人单位决定提前解散的；

（六）法律、行政法规规定的其他情形。

《劳动合同法》第四十五条规定，劳动合同期满，有本法第四十二条规定情形之一的，劳动合同应当续延至相应的情形消失时终止。但是本法第四十二条第二项规定丧失或者部分丧失劳动能力劳动者的劳动合同的终止，按照国家有关工伤保险的规定执行。

1. 劳动合同终止的两种情况：

（1）劳动合同期限届满，劳动合同即告终止。

这主要是针对有固定期限的劳动合同和以完成一定的工作为期限的劳动合

同而言。

（2）当事人约定的合同终止的条件出现，劳动合同也即告终止。

这种情况既适用于有固定期限的劳动合同和以完成一定的工作为期限的劳动合同，也适用于无固定期限的劳动合同，劳动合同的这种终止属于约定终止。

劳动者在医疗期、孕期、产期和哺乳期内，劳动合同期限届满时，劳动合同的期限应自动延续至医疗期、孕期、产期和哺乳期期满为止。

劳动合同终止，意味着劳动合同当事人协商确定的劳动权利和义务关系已经结束，此时，用人单位应当依法办理终止劳动合同的有关手续。

2. 劳动合同的终止情形

（1）劳动合同期满。

劳动合同期满是劳动合同终止的最主要形式，适用于固定期限的劳动合同和以完成一定的工作任务为期限的劳动合同。一旦约定的期限届满或工作任务完成，劳动合同通常都会自然终止。

（2）劳动者开始依法享受基本养老保险待遇。

由于退出劳动力市场的劳动者的基本生活已经通过养老保险制度得到保障，劳动者不再具备劳动合同意义上的主体资格，劳动合同自然终止。只要劳动者依法享受了基本养老保险待遇，劳动合同即行终止。

（3）劳动者死亡、被人民法院宣告失踪或死亡，意味着劳动者作为自然人从主体上的消灭。

宣告死亡是公民下落不明达到法定期限，经利害关系人申请，由人民法院宣告该公民死亡的民事法律制度。宣告失踪是公民下落不明达到法定期限，经利害关系人申请，由人民法院宣告其失踪并对其财产实行代管的法律制度。当劳动者死亡、因下落不明被人民法院宣告失踪或者宣告死亡后，其作为民事主体和劳动关系的当事人，无法再享受权利和承担义务，自然也不能继续履行劳动合同，劳动合同自然终止。

（4）用人单位被依法宣告破产、被吊销营业执照、责令关闭或撤销。

破产是指当债务人的全部资产不足以清偿到期债务时，债权人通过一定程序将债务人的全部资产供其平均受偿，从而使债务人免除不能清偿的其他债务，并由人民法院宣告破产解散。

吊销营业执照是登记主管机关依照法律法规的规定，对违反规定的企业法人实施的一种行政处罚，对企业法人而言，吊销营业执照就意味着其法人资格被强行剥夺，法人资格也就随之消亡。

用人单位被责令关闭是指合法建立的公司或企业在存续过程中，未能一贯严格遵守有关法律法规，被有关政府部门依法查处。

用人单位被撤销是指企业未经合法程序成立，或者形式合法但不符合相关法律法规的实体方面规定，被有关政府部门依法查处。

按照我国《民法典》《中华人民共和国公司法》（以下简称《公司法》）的规定，在劳动合同履行过程中，企业被依法宣告破产、被吊销营业执照、责令关闭或被撤销，则意味着企业的法人资格已被剥夺，表明此时企业已无法按照劳动合同履行其权利和义务，只能终止劳动合同。

（5）用人单位决定提前解散。

根据《公司法》的规定，因公司章程规定的解散事由出现、股东会或者股东大会决议等原因，用人单位提前解散的，其法人资格便不复存在，必须终止一切经营和与经营业务有关的活动，原有的债权债务关系包括与劳动者的劳动合同关系，也随主体资格的消亡而消灭。

（6）法律、行政法规规定的其他情形。

法律规定不可能包含现实生活中出现的所有情形，因此《劳动合同法》将这一规定作为兜底条款。

13 第十三章 离职与补偿——算清账非常重要

- 离职流程如何有效管理?
- 常见离职形式都有哪些?
- 离职经济补偿如何计算?
- 竞业限制如何有效管理?

13.1 离职流程管理

离职流程管理是指劳动合同的终止、解除或合同期满不续签的情形下员工办理离职过程的管理。在员工办理离职过程中，企业要把握处理员工离职的原则，关注离职中存在的各种法律风险，确保离职过程管理规范。

《劳动合同法》关于离职的规定：

第五十条 用人单位应当在解除或者终止劳动合同时出具解除或者终止劳动合同的证明，并在十五日内为劳动者办理档案和社会保险关系转移手续。

劳动者应当按照双方约定，办理工作交接。用人单位依照本法有关规定应当向劳动者支付经济补偿的，在办结工作交接时支付。

用人单位对已经解除或者终止的劳动合同的文本，至少保存二年备查。

企业员工离职流程（以下流程仅供参考，请根据企业实际管理需要规范）：

1. 离职申请：合同期内员工离职，其必须提前 1 个月（双方在劳动合同中有特殊约定的除外）向直属部门经理提交书面《员工离职申请表》；合同期满而个人又无意续签合同的员工离职，须在合同期满前 1 个月向部门经理提交书面《员工离职申请表》（见表 13–1）。

表 13–1　员工离职申请表

申请人		身份证号	
所在部门		入职时间	年　月　日
申请日期	年　月　日	计划正式离职日期	年　月　日
离职类型	□试用期内离职　□合同期内离职　□合同到期　□其他		
离职原因			
对公司的建议或希望			
员工离职须知	（根据需要在此增加离职需要注意事项要点，如注意劳动管理纪律等） 员工（签字）：　　日期：　　年　月　日		
审批栏			

《员工离职申请表》经部门经理、主管领导审批后，人力资源部会通知员工本人和所在部门，员工接到通知后方可办理离职交接手续。

2. 由于员工工作表现不佳或公司业务调整：合同期内公司提出解聘或劳动合同期满不再续签的，由员工所在部门 / 项目组填写《员工解聘审批单》，转由人力资源部跟进并经总经理最终审批后，提前 30 日向员工发出解聘通知书或劳动合同终止通知书，书面通知员工本人并确保沟通有效，到期办理相关离职手续（见表 13–2）。

表 13–2　劳动合同终止通知书

尊敬的________先生 / 女士：

由于________________，您与公司签订的劳动合同于　　年　　月　　日终止。您的薪酬福利将发放至实际离职日，社会保险及住房公积金将发放至　　年　　月。

非常感谢您就职期间为公司发展所作出的努力和贡献。请您在　　日（月）办理完毕工作交接及离司联合会签手续。

祝您今后有更好的发展，特此通知。

人力资源部

年　　月　　日

续表

回　　执
我已收到公司劳动合同终止通知书，同意并接受公司对我的安排，并将于近日办理完毕工作交接及离职会签手续。 员工（签字 / 日期）：

3. 试用期内，双方可以随时解除劳动合同，但须提前 3 天告知对方。

4. 离职当天，人力资源部约见离职员工进行离职面谈，做好面谈记录，填写《离职面谈记录表》并备案（见表 13-3）。

表 13-3　离职面谈记录表

员工姓名		入职日期		离职日期	
所在公司		所在部门		岗　　位	
离职类型	□合同期内主动辞职　□合同期满不愿续签　□试用期离职 □解聘　□其他				
离职原因	公司原因： □发展空间不够　□薪资偏低且调薪周期长 □不满意公司制度　□缺少培训机会 □工作量太少、太枯燥　□工作量太多、压力过大难以承受 □与上司关系不融洽　□与同事关系不融洽 □感到内部不公平　□工作环境 □企业文化　□企业发展前景 □其他＿＿＿＿＿＿＿＿				
	外部原因： □找到更好的工作　□自己创业 □家庭原因　□学习深造 □健康原因　□转换行业 □其他＿＿＿＿＿＿＿＿				
当初选择公司最主要的原因					
认为公司目前最需要解决的问题					
其他建议或意见					
访谈人（签字 / 日期）：					

实战经验分享

对于离职原因和去向等内容，人力资源部要及时总结分析，深刻反思，及时为企业高管提供人力管理合理化建议。

5. 离职当日员工须持《员工离职会签表》在各部门办理完毕所有离职手续后方可离职。

6. 核心骨干人员的《员工离职会签表》须经总经理最终审批，其他员工经主管领导审批即可（见表 13–4）。

表 13–4　员工离职会签表

<table>
<tr><td>员工姓名</td><td colspan="2"></td><td>所在部门</td><td></td></tr>
<tr><td>员 工 号</td><td colspan="2"></td><td>身份证号</td><td></td></tr>
<tr><td>岗　位</td><td colspan="2"></td><td>离职批准日期</td><td>年　月　日</td></tr>
<tr><td>员工类型</td><td colspan="4">□正式员工　□试用期员工　□其他</td></tr>
<tr><td>正式离职日期</td><td colspan="4">年　月　日</td></tr>
<tr><td colspan="5">本部门主要工作交接</td></tr>
<tr><td>类型</td><td>正在开展工作</td><td>指定交接人</td><td>具体交接内容</td><td>交接人员（签字 / 日期）</td></tr>
<tr><td rowspan="5">部门内部
工作交接</td><td></td><td></td><td></td><td></td></tr>
<tr><td></td><td></td><td></td><td></td></tr>
<tr><td></td><td></td><td></td><td></td></tr>
<tr><td></td><td></td><td></td><td></td></tr>
<tr><td></td><td></td><td></td><td></td></tr>
<tr><td>遗留问题处理</td><td colspan="4"></td></tr>
<tr><td>主管经理审核</td><td colspan="4">主管经理（签字 / 日期）：</td></tr>
<tr><td colspan="5">相关部门交接</td></tr>
<tr><td rowspan="3">部门指定交接</td><td>指定部门</td><td colspan="2">交接事项</td><td>交接人（签字）</td></tr>
<tr><td rowspan="2">办公室</td><td colspan="2">办公室设备归还</td><td></td></tr>
<tr><td colspan="2">……</td><td></td></tr>
</table>

续表

	财务部	借款、账款、其他扣款等	
		……	
	人力资源	保险和公积金停缴日期为： 年　月	
		工资结算截止日期： 年　月　日	
		个人档案迁出	
		培训协议	
		离职证明开具	
		……	
	商务	对于销售人员需要发函通知客户	
人力资源部最终确认			
□离职手续办理完整，同意正式离职。 □离职手续办理不完整，不同意正式离职，整改环节如下： 负责人（签字）：　　年　月　日			

实战经验分享

离职联合会签的目的是提高效率，但是签字的人要对签字结果负责，防止出现离职交接模糊、应付了事的情况。对于关键的核心骨干离职，建议召开离职交接会，确保交接效果，防止核心员工离职给公司造成潜在的损失。

7. 员工离职的当月薪资将由公司在双方协议的发薪日通过银行直接转入个人账号。

8. 为了保证公司正常工作的延续性，避免造成不必要的损失，对未按规定办理离职手续的员工，公司有权在该员工办好手续前暂停向其支付应得的工资、补助及补偿，并视具体情况预扣一定款项弥补因此而给公司造成的经济损失，待员工按规定办理完毕交接手续并对遗留工作进行处理后再予以发放相应款项。

9. 员工未按规定办理离职手续并因此造成相关经济损失，企业有权追究。

10. 员工按规定办理离职手续并积极配合后续工作处理的，公司将按期发放工资、报销款，办理保险、公积金的转出手续，返还个人资格证书等，并正式开具《离职证明》。

特别提示:《劳动合同法》有 3 条关于离职的条款需要高度重视:

- **第八十九条**　用人单位违反本法规定未向劳动者出具解除或者终止劳动合同的书面证明，由劳动行政部门责令改正；给劳动者造成损害的，应当承担赔偿责任。
- **第九十条**　劳动者违反本法规定解除劳动合同，或者违反劳动合同中约定的保密义务或者竞业限制，给用人单位造成损失的，应当承担赔偿责任。
- **第九十一条**　用人单位招用与其他用人单位尚未解除或者终止劳动合同的劳动者，给其他用人单位造成损失的，应当承担连带赔偿责任。

13.2　离职形式

一般而言，员工离职前都会有一些征兆，包括但不限于工作表现消极懈怠、行为举动异常，作为企业人力资源管理者更要关注离职的黄金时间段，针对对于企业有核心价值的员工要制定有效的挽留措施，如果企业无法兑现承诺条件，则必须为员工办理离职手续。

员工离职分为以下多种情况（见表 13-5）:

表 13-5　员工离职情况及处理原则

类别	提出方	处理原则
试用期内离职	员工	提前 3 天提出即可，走正规的离职流程
	公司	试用期不合格，和员工沟通好后，走正规的离职流程
合同期内离职	员工主动辞职	提前 30 天提出，公司可挽留或者放弃挽留，如无法挽留，走正规的离职流程
	公司提出优化	公司提出后和员工协商好，需要签订离职协议，之后走正规的离职流程

续表

类别	提出方	处理原则
合同到期	员工	提前 30 天通知公司
	公司	提前 30 天通知个人
协商离职	员工	按照协商协议执行
	公司	按照协商协议执行
裁员（优化）	员工	按照裁员达成的协议执行
	公司	按照裁员达成的协议执行

13.3　离职与经济补偿

在人力资源日常管理中，由于员工离职形式多种多样，哪些离职形式涉及经济补偿，这是企业各级管理者必须学会的一个课题。

哪些形式的离职需要补偿，哪些不需要补偿，作为 HR 不可避免地要去计算公司要向员工支付的经济补偿到底是多少金额。不少 HR 因为搞不懂 N、N+1、2N 到底怎么用，造成经济补偿金计算错误，导致员工或企业老板不满，严重情况下还会导致劳动纠纷。

本书系统总结提炼经济补偿金的实战场景，作为 HR 可根据员工离职情形对号入座，通过《劳动合同法》有理有据地说服劳动者：

【实战场景 1】无须补偿的情形

我们首先仔细研读《劳动合同法》关键条款的规定：

- **第三十七条**　劳动者提前三十日以书面形式通知用人单位，可以解除劳动合同。劳动者在试用期内提前三日通知用人单位，可以解除劳动合同。
- **第三十九条**　劳动者有下列情形之一的，用人单位可以解除劳动合同：

（一）在试用期间被证明不符合录用条件的；

（二）严重违反用人单位的规章制度的；

（三）严重失职，营私舞弊，给用人单位造成重大损害的；

（四）劳动者同时与其他用人单位建立劳动关系，对完成本单位的工作任务造成严重影响，或者经用人单位提出，拒不改正的；

（五）因本法第二十六条第一款第一项规定的情形致使劳动合同无效的；

（六）被依法追究刑事责任的。

- **第四十四条**　有下列情形之一的，劳动合同终止：

（一）劳动合同期满的；

（二）劳动者开始依法享受基本养老保险待遇的；

（三）劳动者死亡，或者被人民法院宣告死亡或者宣告失踪的；

（四）用人单位被依法宣告破产的；

（五）用人单位被吊销营业执照、责令关闭、撤销或者用人单位决定提前解散的；

（六）法律、行政法规规定的其他情形。

总结提炼——以下情形，用人单位不需要向员工支付经济补偿：

1. 员工提出解除劳动合同的：

- 双方协商一致解除劳动合同的；
- 劳动者提前30日以书面形式通知用人单位的；
- 劳动者在试用期内提前3日通知用人单位的；
- 劳动者违法解除劳动合同的。

2. 用人单位提出解除劳动合同的：

- 劳动者在试用期间被证明不符合录用条件的；
- 劳动者严重违反用人单位的规章制度的；
- 劳动者严重失职，营私舞弊，给用人单位造成重大损害的；
- 劳动者同时与其他用人单位建立劳动关系，对完成本单位的工作任务造成严重影响，或者经用人单位提出，拒不改正的；
- 劳动者以欺诈、胁迫的手段或者乘人之危，使用人单位在违背真实意思的情况下订立或者变更劳动合同的；
- 劳动者被依法追究刑事责任的。

3. 劳动合同终止的：

- 劳动合同期满，用人单位维持或者提高劳动合同约定条件续订劳动合同，劳动者不同意续订的；
- 劳动者开始依法享受基本养老保险待遇的；
- 劳动者达到法定退休年龄的；

- 劳动者死亡，或者被人民法院宣告死亡或者宣告失踪的；
- 自用工之日起一个月内，经用人单位书面通知后，劳动者不与用人单位订立书面劳动合同，用人单位书面通知劳动者终止劳动关系的；
- 劳动合同期满后一个月内，经用人单位书面通知后，劳动者不与用人单位订立书面劳动合同，用人单位书面通知劳动者终止劳动关系的。

需要说明的一点是，有的员工虽是主动离职但还和用人单位提出离职经济补偿，这是无理取闹的行为。

我们不排除有的公司向主动离职员工友情支付所谓的“经济补偿金”（如重大贡献奖励等），然而如果仔细追究起来，有的企业实际上极有可能和离职员工签订的是竞业限制协议，通过支付竞业限制补偿金来实施核心技术骨干的竞业限制。但是从一定意义上来讲，竞业限制和经济补偿金根本不是一码事。

【实战场景 2】补偿金为 N 的情形

首先我们有必要仔细研读《劳动合同法》关键条款的规定：

- **第三十六条** 用人单位与劳动者协商一致，可以解除劳动合同。
- **第三十八条** 用人单位有下列情形之一的，劳动者可以解除劳动合同：

（一）未按照劳动合同约定提供劳动保护或者劳动条件的；

（二）未及时足额支付劳动报酬的；

（三）未依法为劳动者缴纳社会保险费的；

（四）用人单位的规章制度违反法律、法规的规定，损害劳动者权益的；

（五）因本法第二十六条第一款规定的情形致使劳动合同无效的；

（六）法律、行政法规规定劳动者可以解除劳动合同的其他情形。

用人单位以暴力、威胁或者非法限制人身自由的手段强迫劳动者劳动的，或者用人单位违章指挥、强令冒险作业危及劳动者人身安全的，劳动者可以立即解除劳动合同，不需事先告知用人单位。

- **第四十条** 有下列情形之一的，用人单位提前三十日以书面形式通知劳动者本人或者额外支付劳动者一个月工资后，可以解除劳动合同：

（一）劳动者患病或者非因工负伤，在规定的医疗期满后不能从事原工作，也不能从事由用人单位另行安排的工作的；

（二）劳动者不能胜任工作，经过培训或者调整工作岗位，仍不能胜任工作的；

（三）劳动合同订立时所依据的客观情况发生重大变化，致使劳动合同无法履行，经用人单位与劳动者协商，未能就变更劳动合同内容达成协议的。

- **第四十一条第一款** 有下列情形之一，需要裁减人员二十人以上或者裁减不足二十人但占企业职工总数百分之十以上的，用人单位提前三十日向工会或者全体职工说明情况，听取工会或者职工的意见后，裁减人员方案经向劳动行政部门报告，可以裁减人员：

（一）依照企业破产法规定进行重整的；

（二）生产经营发生严重困难的；

（三）企业转产、重大技术革新或者经营方式调整，经变更劳动合同后，仍需裁减人员的；

（四）其他因劳动合同订立时所依据的客观经济情况发生重大变化，致使劳动合同无法履行的。

- **第四十四条** 有下列情形之一的，劳动合同终止：

（一）劳动合同期满的；

（二）劳动者开始依法享受基本养老保险待遇的；

（三）劳动者死亡，或者被人民法院宣告死亡或者宣告失踪的；

（四）用人单位被依法宣告破产的；

（五）用人单位被吊销营业执照、责令关闭、撤销或者用人单位决定提前解散的；

（六）法律、行政法规规定的其他情形。

- **第四十五条** 劳动合同期满，有本法第四十二条规定情形之一的，劳动合同应当续延至相应的情形消失时终止。但是，本法第四十二条第二项规定丧失或者部分丧失劳动能力劳动者的劳动合同的终止，按照国家有关工伤保险的规定执行。

- **第四十六条** 有下列情形之一的，用人单位应当向劳动者支付经济补偿：

（一）劳动者依照本法第三十八条规定解除劳动合同的；

（二）用人单位依照本法第三十六条规定向劳动者提出解除劳动合同并与劳动者协商一致解除劳动合同的；

（三）用人单位依照本法第四十条规定解除劳动合同的；

（四）用人单位依照本法第四十一条第一款规定解除劳动合同的；

（五）除用人单位维持或者提高劳动合同约定条件续订劳动合同，劳动者不同意续订的情形外，依照本法第四十四条第一项规定终止固定期限劳动合同的；

（六）依照本法第四十四条第四项、第五项规定终止劳动合同的；

（七）法律、行政法规规定的其他情形。

总结提炼——以下情形，单位需要支付的经济补偿为 N：

1. 员工提出解除劳动合同的：

- 用人单位未按照劳动合同约定提供劳动保护或者劳动条件的；
- 用人单位未及时足额支付劳动报酬的；
- 用人单位未依法为劳动者缴纳社会保险费的；
- 用人单位的规章制度违反法律、法规的规定，损害劳动者权益的；
- 用人单位以欺诈、胁迫的手段或者乘人之危，使劳动者在违背真实意思的情况下订立或者变更劳动合同的；
- 用人单位在劳动合同中免除自己的法定责任、排除劳动者权利的；
- 用人单位违反法律、行政法规强制性规定的；
- 用人单位以暴力、威胁或者非法限制人身自由的手段强迫劳动者劳动的；
- 用人单位违章指挥、强令冒险作业危及劳动者人身安全的。

2. 用人单位提出解除劳动合同的：

- 双方协商一致解除劳动合同的。

3. 劳动合同终止的：

- 劳动合同期满，用人单位不同意续订的；
- 劳动合同期满，用人单位降低劳动合同约定条件续订劳动合同，劳动者不同意续订的；
- 因用人单位经营期限届满不再继续经营，导致劳动合同不能继续履行的；
- 自用工之日起超过一个月不满一年，劳动者不与用人单位订立书面劳动合同，用人单位书面通知劳动者终止劳动关系的；
- 劳动合同期满后超过一个月不满一年，劳动者不与用人单位续订书面劳动合同，用人单位书面通知劳动者终止劳动关系的。

【实战场景 3】补偿金为 N+1 的情形

我们首先仔细研读《劳动合同法》关键条款的规定：

- **第四十条**　有下列情形之一的，用人单位提前三十日以书面形式通知劳动者本人或者额外支付劳动者一个月工资后，可以解除劳动合同：

  （一）劳动者患病或者非因工负伤，在规定的医疗期满后不能从事原工作，也不能从事由用人单位另行安排的工作的；

  （二）劳动者不能胜任工作，经过培训或者调整工作岗位，仍不能胜任工作的；

  （三）劳动合同订立时所依据的客观情况发生重大变化，致使劳动合同无法履行，经用人单位与劳动者协商，未能就变更劳动合同内容达成协议的。

根据《劳动合同法》规定，出现上述情形之一的，用人单位如未提前 30 日书面通知员工解除劳动合同，需要向员工支付经济补偿金 N+1。

特别提示：

（1）“+1”实际上不是经济补偿，其专业术语叫“代通知金”。

（2）代通知金的计算基数是员工离职前上一个月的工资标准，不执行社平工资的三倍封顶规则。

例如，某地的上年度职工社平工资是 5000 元，某员工的月工资是 50000 元，那么，计算经济补偿金 N+1 时，N 要执行社平工资三倍封顶规则，只能按 15000 元计算，代通知金则不执行社平工资三倍封顶规则，按 50000 元计算。

（3）并不是所有的用人单位解除劳动合同时，只要没有提前 30 日书面通知，都需要支付代通知金。有且仅有三种情况下（医疗期满、不能胜任工作、情势变更），用人单位解除员工的劳动合同，未提前 30 日书面通知，才需要支付代通知金。其他情况即使用人单位解除员工的劳动合同并且没有提前 30 日书面通知，也不需要支付代通知金。

【实战场景 4】赔偿金为 2N 的情形

我们首先仔细研读《劳动合同法》关键条款的规定：

- **第八十七条** 用人单位违反本法规定解除或者终止劳动合同的，应当依照本法第四十七条规定的经济补偿标准的二倍向劳动者支付赔偿金。
- **第四十八条** 用人单位违反本法规定解除或者终止劳动合同，劳动者要求继续履行劳动合同的，用人单位应当继续履行；劳动者不要求继续履行劳动合同或者劳动合同已经不能继续履行的，用人单位应当依照本法第八十七条规定支付赔偿金。

特别提示：

（1）适用情形为用人单位违反《劳动合同法》的规定解除劳动合同或者用人单位违反《劳动合同法》的规定终止劳动合同。

（2）经济赔偿金没有“2N+1”的说法，一些公司为了尽快和员工协议离职，也可能会提出 2N+1 乃至 2N+X 的赔偿条件。

（3）用人单位违法解除或终止劳动合同，劳动者不要求继续履行或劳动合同不能继续履行的，用人单位应该按照规定支付 2N 经济补偿金，在这种情况下企业支付经济赔偿后合同自动终止。

（4）如果是劳动者以单位有过错为由提出辞职，那么此种情况下也是不能要求 2N 的。

【实战场景 5】关于协商解除合同

首先我们有必要仔细研读《劳动合同法》关键条款的规定：

- **第三十六条** 用人单位与劳动者协商一致，可以解除劳动合同。
- **第四十六条** 有下列情形之一的，用人单位应当向劳动者支付经济补偿：……（二）用人单位依照本法第三十六条规定向劳动者提出解除劳动合同并与劳动者协商一致解除劳动合同的……

协商解除合同究竟按照什么样的标准补偿？这是 HR 管理者经常遇到的问题。

协商解除合同情形下，很多员工会向企业主张“N+1”补偿。企业究竟给员工多少补偿金是合理的，事实上《劳动合同法》并没有作出明确的规定。

业界的经典做法是 N 或 N+1，只要双方签订经济补偿协议，哪怕协议中约定补偿为 1 元钱，协议也是有效的，按协议执行也会得到仲裁支持，没有合理和不合理的问题。

当然，对于绩效表现特别差的员工，可以按照 N-X（X ≥ 1）的方式来谈，大家找到一个让双方心理平衡的补偿，也是和谐劳动关系的体现。

【实战场景 6】关于合同到期的经济补偿

我们首先仔细研读《劳动合同法》关键条款的规定：

- **第四十五条** 劳动合同期满，有本法第四十二条规定情形之一的，劳动合同应当续延至相应的情形消失时终止。但是，本法第四十二条第二项规定丧失或者部分丧失劳动能力劳动者的劳动合同的终止，按照国家有关工伤保险的规定执行。
- **第十四条** 无固定期限劳动合同，是指用人单位与劳动者约定无确定终止时间的劳动合同。用人单位与劳动者协商一致，可以订立无固定期限劳动合同。有下列情形之一，劳动者提出或者同意续订、订立劳动合同的，除劳动者提出订立固定期限劳动合同外，应当订立无固定期限劳动合同：（一）劳动者在该用人单位连续工作满十年的；（二）用人单位初次实行劳动合同制度或者国有企业改制重新订立劳动合同时，劳动者在该用人单位连续工作满十年且距法定退休年龄不足十年的；（三）连续订立二次固定期限劳动合同，且劳动者没有本法第三十九条和第四十条第一项、第二项规定的情形，续订劳动合同的。用人单位自用工之日起满一年不与劳动者订立书面劳动合同的，视为用人单位与劳动者已订立无固定期限劳动合同。
- **第四十二条** 劳动者有下列情形之一的，用人单位不得依照本法第四十条、第四十一条的规定解除劳动合同：（一）从事接触职业病危害作业的劳动者未进行离岗前职业健康检查，或者疑似职业病病人在诊断或者医学观察期间的；（二）在本单位患职业病或者因工负伤并被确认丧失或者部分丧失劳动能力的；（三）患病或者非因工负伤，在规定的医疗期内的；（四）女职工在孕期、产期、哺乳期的；（五）在本单位连续工作满十五年，且距法定退休年龄不足五年的；（六）法律、行政法规规定的其他情形。

在员工劳动合同到期的处理上，作为 HR 要深刻掌握以下关键要点：

（1）劳动合同到期给予补偿的前提是企业有权提出解除劳动合同，一般来讲入职后第一次签订的合同到期时，企业都是有权提出终止合同的，对于表现

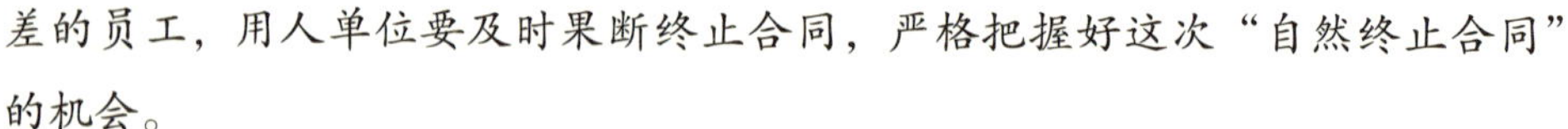

差的员工，用人单位要及时果断终止合同，严格把握好这次“自然终止合同”的机会。

（2）如果劳动合同到期员工提出不续签则无须支付经济补偿。

（3）没有提前 30 天通知该怎么办：劳动合同期限届满前用人单位应当提前 30 日将终止或者续订劳动合同意向以书面形式通知劳动者，经协商办理终止或者续订劳动合同手续，如果没有提前 30 天，如提前 20 天通知的，这种情况下用人单位就要承担每迟延 1 日向劳动者支付 1 日工资的赔偿金（实际赔偿金 =10 日工资）。

（4）要特别注意劳动合同到期用人单位必须签订无固定期限合同的情形：连续订立两次固定期限劳动合同后用人单位必须无条件签署无固定期限合同，而不是通知劳动者合同到期解除劳动合同，否则就是违法解除。

【实战场景 7】企业裁员

我们首先仔细研读《劳动合同法》关键条款的规定：

- **第四十一条** 有下列情形之一，需要裁减人员二十人以上或者裁减不足二十人但占企业职工总数百分之十以上的，用人单位提前三十日向工会或者全体职工说明情况，听取工会或者职工的意见后，裁减人员方案经向劳动行政部门报告，可以裁减人员：（一）依照企业破产法规定进行重整的；（二）生产经营发生严重困难的；（三）企业转产、重大技术革新或者经营方式调整，经变更劳动合同后，仍需裁减人员的；（四）其他因劳动合同订立时所依据的客观经济情况发生重大变化，致使劳动合同无法履行的。

  裁减人员时，应当优先留用下列人员：（一）与本单位订立较长期限的固定期限劳动合同的；（二）与本单位订立无固定期限劳动合同的；（三）家庭无其他就业人员，有需要扶养的老人或者未成年人的。用人单位依照本条第一款规定裁减人员，在六个月内重新招用人员的，应当通知被裁减的人员，并在同等条件下优先招用被裁减的人员。

在企业裁员情形下，业界的经典做法是按照“N+1”的补偿标准给予补偿，尽快和裁员的员工签订协议书并且按照协议补偿。当然，企业根据经济状况也有不尽相同的“N+X”补偿标准（X ≥ 1）。

需要特别说明的是，企业裁员要学会换位思考，当然作为员工也要考虑企业面临的经济处境，做好换位思考。企业对员工多年的贡献给予认可和人性化的经济关照，这也是企业雇主品牌的生动体现。

实战经验分享

企业如实施大规模裁员，建议采用“速战速决”的方式，裁员方案可以设置不同的经济补偿档次和要求，如员工在补偿方案正式实施1小时内签订的给予最大补偿，超过1小时则降低补偿额……这种方式主要的目的是快速降低裁员对企业带来的负面效应。这些做法值得借鉴和参考。

【实战场景8】关于补偿金的计算细则

《劳动合同法》第四十七条规定：经济补偿按劳动者在本单位工作的年限，每满一年支付一个月工资的标准向劳动者支付。六个月以上不满一年的，按一年计算；不满六个月的，向劳动者支付半个月工资的经济补偿。劳动者月工资高于用人单位所在直辖市、设区的市级人民政府公布的本地区上年度职工月平均工资三倍的，向其支付经济补偿的标准按职工月平均工资三倍的数额支付，向其支付经济补偿的年限最高不超过十二年。本条所称月工资是指劳动者在劳动合同解除或者终止前十二个月的平均工资。

特别提示：

（1）很多HR认为经济补偿最多支付12个月，事实上这是一个管理误区。《劳动合同法》规定经济补偿最多12个月的前提条件是劳动者工资高于社平工资3倍，对低工资劳动者并无12个月限制。

（2）关于全国不同城市上年度职工月平均工资数据，可通过网络或当地人社局官方网站查询。

（3）员工在本单位的工作年限，指的是连续工作年限。如果员工中途离职又重新入职的，计算经济补偿的工作年限时，从员工重新入职之日起计算，而不是把前后两段工作年限合并计算。

（4）如果员工在本单位的工作年限刚好满六个月的，不多一天也不少一天，那么年限是按一年来计算。因为以上是包含本数的，所以六个月以上不满一年的包含了六个月。

（5）深圳经济特区特殊规则：《深圳经济特区和谐劳动关系促进条例》第二十四条第一款规定："用人单位与劳动者解除或者终止劳动合同，在六个月内重新订立劳动合同的，除因劳动者违反《中华人民共和国劳动合同法》第三十九条规定被用人单位解除劳动合同外，劳动者在本单位的工作年限应当连续计算。"

【实战场景 9】关于经济补偿金协议

经济补偿金需要通过企业和离职员工签订具体的《解除劳动合同协议书》来确定具体金额和发放条件，涉及补偿协议的内容参考格式如下：

员工经济补偿协议书

甲方：____________________

乙方：____________________

1. 甲乙双方于______年______月______日签订了为期______年的劳动合同（自______年______月______日起至______年______月______日止），现甲、乙双方友好协商一致，决定签订本协议以解除上述劳动合同，尚未履行的合同不再继续履行。

2. 工作交接：乙方于______年______月______日之前办理完毕工作交接及离职手续。

3. 甲方支付的相关费用：

①乙方的工资计算至实际工作交接完毕之日。

②乙方的薪酬福利、社保、住房公积金将发放至______年______月______日。

③甲方向乙方支付______个月的经济补偿金，计______元。

④支付代通知金______元（如提前 1 个月通知，则不需要支付此项费用）。

4. 发放方式约定：

____

____

5. 其他约定

____

6、协议生效：

本协议一式两份，双方各执一份，具有同等法律效力。

甲方（盖章）：　　　　　　　　　　乙方（签字）：

签订日期：　　　年　　　月　　　日

【实战场景 10】经济补偿金纳税

根据《财政部、国家税务总局关于个人所得税法修改后有关优惠政策衔接问题的通知》（财税〔2018〕164 号）的规定，个人与用人单位解除劳动关系取得一次性补偿收入（包括用人单位发放的经济补偿金、生活补助费和其他补助费用），在当地上年职工平均工资 3 倍数额以内的部分，免征个人所得税；超过 3 倍数额的部分，不并入当年综合所得，单独适用综合所得税率表，计算纳税。

【经典案例 1】离职员工没有办完手续时劳动关系结束了吗？

案例介绍

某公司员工小李提出离职，该公司以小李曾经手的工作未处理完毕为由，要求小李本人写承诺书，承诺因其未妥善交接给公司造成的经济损失将从其工资中扣除，否则公司不给办理离职手续。

该公司的做法是否合法？如果不合法，员工应如何处理？

案例分析

1. 公司的做法不合法。在员工依法提出离职的情况下，公司有义务为员工依法办理离职手续。员工未依法办理工作交接给公司造成经济损失的，公司可通过法律途径要求员工赔偿，而不是通过拒绝办理离职手续来为难员工。

2. 作为员工，应当按照劳动合同的约定做好工作交接，切实维护公司利益，避免个人离职给公司造成各种损失，正确做法是积极配合公司的离职交接安排，以书面形式向公司提出离职，并保留客观证据。在公司拒绝办理离职手续的情

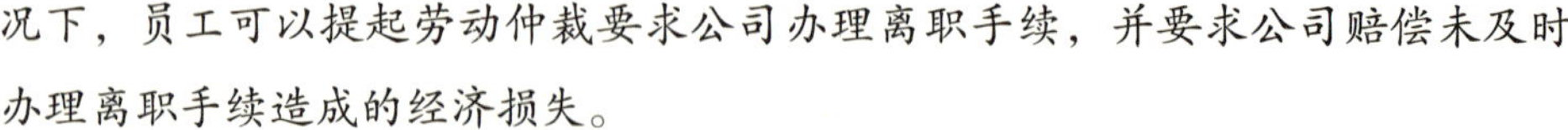

况下，员工可以提起劳动仲裁要求公司办理离职手续，并要求公司赔偿未及时办理离职手续造成的经济损失。

【经典案例 2】员工提出“闪电离职”，企业该如何处理？

案例介绍

小孙入职时和公司签订了为期 3 年的劳动合同，在公司工作 2 年多后，小孙被一家公司高薪聘请，致其突然提出辞职并要求当天离职。由于公司《员工手册》中规定“员工离职，必须提前 1 个月提出书面申请”，否则扣押剩余工资，作为对公司造成经济损失的赔偿。但是小孙要求公司给予其剩余工资，否则将提出劳动仲裁。

案例分析

1. 该公司《员工手册》中规定扣押剩余工资的做法不合法，剩余工资应当依法支付。

2. 作为公司 HR，应首先与离职员工及具体的用人部门进行沟通交流，了解员工离职的真实原因以及这名员工是否做好离职交接，可采取两种方式解决这样的问题：

- 离职的人“身在曹营心在汉，挽留没有价值”：如果该员工离职对公司没有重大损失，可与该员工协商，适当推迟几天彻底办理好离职交接后再离职；
- 如果该员工离职可能对公司造成重大损失：员工选择违法解除劳动合同强行立即走人，公司可按照规定支付剩余工资，但在员工离职后可提起劳动仲裁，要求员工赔偿对公司造成的各项经济损失。但需要注意的是，人力资源部在与员工沟通时，要保留相应的管理证据。

13.4 竞业限制管理

《劳动合同法》第二十四条规定：竞业限制的人员限于用人单位的高级管理人员、高级技术人员和其他负有保密义务的人员。竞业限制的范围、地域、期限由用人单位与劳动者约定，竞业限制的约定不得违反法律、法规的规定。在解除或者终止劳动合同后，前款规定的人员到与本单位生产或者经营同类产品、从事同类业务的有竞争关系的其他用人单位，或者自己开业生产或经营同类产品、从事同类业务的竞业限制期限，不得超过二年。

在人力资源管理实践中，要特别注意以下几点：

1. 如果企业和离职员工没有签订《竞业限制约定》，没有按月发放竞业限制经济补偿，则企业没有资格限制离职员工是否到有竞争关系的其他公司工作；

2. 对于竞业限制经济补偿标准问题，《劳动合同法》没有作出特别明确规定，实践中以双方达成约定的经济补偿为依据。

实战经验分享

核心保密员工离职后，其和企业签订的《劳动合同书》中规定的保密协议继续有效，但是约束力不如竞业限制协议。企业如果有足够证据证明员工到竞争对手公司就职，并且竞争对手公司通过离职员工窃取核心机密，可以起诉离职员工，前提是举证时必须“有足够证据证明”。

【经典案例 3】企业签订的竞业限制是否有效?

案例介绍

王某与某咨询公司签订了为期 3 年的劳动合同，合同约定王某从事咨询顾问工作，年薪不低于 20 万元。同时双方又签订了《竞业限制协议》，协议约定“王某不论因何种原因从公司离职，离职后一年内都不得到与本公司有竞争关系的单位就职”，协议中清晰列举出有竞争关系的单位，同时双方还约定在王某与公司正式办理完解除劳动合同手续之日起 15 日内，公司向王某发放竞业限制补偿金，补偿金标准为王某上一年度月平均工资报酬的 20%，未满一年的按当年工资报酬折算，由公司按月发放给王某，并且约定王某如不履行竞业限制义务，就应当承担违约责任，违约金为 10 万元。

后王某向公司提交辞职报告，称自己不适应该公司工作环境，要求辞职。公司同意了王某的辞职请求，7 月底双方办理完交接手续后，公司向王某出具了解除劳动关系证明，并向其支付了当月的竞业限制补偿金（按王某实际领取的每月工资的 20% 计算），之后按月将竞业限制补偿金打入王某银行账户。后来王某去竞争对手公司应聘并被录用，继续从事咨询顾问工作。公司在取得相关证据后，即向劳动仲裁部门申请仲裁，要求王某支付违约金 10 万元。

本案的争议焦点为：

1. 如何认定竞业限制协议的有效性？

2. 竞业限制补偿是否有支付标准？

3. 竞业限制补偿金过低是否有效？

4. 竞业限制补偿金过低显失公正时该如何处理？

案例分析

1. 竞业限制协议是否有效，在于竞业限制期间用人单位是否按月向劳动者支付经济补偿金。实践中，争议较多的是补偿金的标准问题，即用人单位支付给劳动者的经济补偿金与劳动者在该单位正常工作期间获得的劳动报酬相比明显过低时，竞业限制协议是否有效。

2. 由于《劳动合同法》对此未作明确规定，我国国家层面还没有相关法律规定竞业限制经济补偿的最低或最高标准，但是，有些省市从保护劳动者合法权益的角度出发对最低标准作了补充性的规定，但目前还没有最高标准的任何规定。

《深圳经济特区企业技术秘密保护条例》第二十四条规定，竞业限制协议约定的补偿费，按月计算不得少于该员工离开企业前最后 12 个月月平均工资的二分之一。约定补偿费少于上述标准或者没有约定补偿费的，补偿费按照该员工离开企业前最后 12 个月月平均工资的二分之一计算。

《浙江省技术秘密保护办法》第十五条规定，竞业限制补偿费的标准由权利人与相关人员协商确定。没有确定的，年度补偿费按合同终止前最后一个年度该相关人员从权利人处所获得报酬总额的三分之二计算。

《上海市高级人民法院关于适用〈劳动合同法〉若干问题的意见》第十三条规定，劳动合同当事人仅约定劳动者应当履行竞业限制义务，但未约定是否向劳动者支付补偿金，或者虽约定向劳动者支付补偿金但未明确约定具体支付标准的，基于当事人就竞业限制有一致的意思表示，可以认为竞业限制条款对双方仍有约束力。补偿金数额不明的，双方可以继续就补偿金的标准进行协商，协商不能达成一致的，用人单位应当按照劳动者此前正常工资的 20%—50% 支付；协商不能达成一致的，限制期最长不得超过 2 年。

3. 竞业限制补偿金过低是否有效，在司法实践中存在两种观点。一种观点认为，双方对竞业限制补偿费未作约定或约定的金额、期限、付款方式不符合相关法律法规规定的，属无效条款。另一种观点认为应区别对待，如果未约定竞业限制补偿金或者约定数额过低，相当于排除了劳动者获得补偿金的权利，根据《劳动合同法》第二十六条第一款第二项，用人单位免除自己的法定责任、排除劳动者权利的劳动合同无效或部分无效的规定，应属无效条款。如果约定了补偿金，但约定的支付方式不符合《劳动合同法》的规定，也要分两种情况：对劳动者更有利的为有效约定；实际减除或者排除了劳动者权利的为无效约定。

4. 双方已就竞业限制补偿标准和违约金做了约定的，竞业限制补偿金和违约金之间的比例应当公平合理。如果补偿金和违约金之间显失公正，仲裁委员会对于违约金金额可以做适当变更。

第五篇

劳动争议风险防范

第十四章　规章制度管理——没有规矩不成方圆

第十五章　劳动合同管理——专业化体现管理价值

第十六章　劳动争议预防——防患于未然的管理之道

第十七章　劳动争议解决——运用法律有效处理

14 第十四章 规章制度管理——没有规矩不成方圆

- 规章制度范围包括哪些?
- 规章制度有何关键要点?
- 规章制度如何有效发布?
- 规章制度如何确保效力?
- 规章制度培训为何必要?

14.1 规章制度范围

俗话说“国有国法，家有家规”，规章制度是用人单位的“自留地”，用人单位种好自己的“一亩三分地”对于维护企业合法权益是非常有必要的。

《劳动合同法》第四条规定：

用人单位应当依法建立和完善劳动规章制度，保障劳动者享有劳动权利、履行劳动义务。

用人单位在制定、修改或者决定有关劳动报酬、工作时间、休息休假、劳动安全卫生、保险福利、职工培训、劳动纪律以及劳动定额管理等直接涉及劳动者切身利益的规章制度或者重大事项时，应当经职工代表大会或者全体职工讨论，提出方案和意见，与工会或者职工代表平等协商确定。

在规章制度和重大事项决定实施过程中，工会或者职工认为不适当的，有权向用人单位提出，通过协商予以修改完善。

用人单位应当将直接涉及劳动者切身利益的规章制度和重大事项决定公示，或者告知劳动者。

基于上述规定，企业制定完善的规章制度可以大大扩展企业的权利。但是如果规章制度不完善，则应当按照对员工有利的方向解释。例如，有的单位在规章制度中规定“如果员工在禁烟区吸烟，单位有权警告、记过，直到解除劳动合同”，而这样的规定在处罚方式上是个选择题，明显不确定。在这种情况下，企业就应以对员工有利的原则为出发点，从轻处罚。

14.2 规章制度内容

1. 规章制度的内容须具合法性

内容合法是指用人单位的规章制度内容符合《劳动法》《劳动合同法》及相关法律法规的规定，不能与法律法规相抵触，相抵触的部分无效。

《劳动合同法》第四条规定，企业的规章制度要依法制定。原劳动部《关于〈劳动法〉若干条文的说明》指出，《劳动法》第四条规定的“依法”是指依据所有的法律、法规、规章，包括宪法、法律、行政法规、地方性法规、行政规章。依法制定规章制度，是保证其内容合法的基础。

法律有明文规定的，用人单位可以依据法律的规定，制定出符合本企业实际情况的细化、具体的规章制度，对于没有相关法律规定及法律没有禁止性规定的，用人单位可以依据劳动法律立法的基本精神及公平合理原则出台相应的规章制度。

合法性原则作为认定企业规章制度效力的标准毫无争议，但难点在于实践中出现的一些案件。

例如，企业在《考勤休假制度》中规定“二次迟到，单位就可以解除劳动合同”，对此，一种意见是企业的制度过于苛刻，缺乏合理性；另一种意见认为，如果这个员工是流水线上的关键岗位，他的迟到就会造成停产，后果很严重，解除劳动合同也不为过。

我们可以先看这样两个案例：

［案例 1］某企业规定，员工在单位吸烟就可以解除劳动合同。大多数人可能会觉得在单位吸烟不至于解除劳动合同。但倘若是一家生产烟花爆竹的企业的职工，在单位车间吸烟就是极其危险的行为，在规章制度或合同中将吸烟行为作为解除劳动关系的条件很有必要，也是很合理的。如果是一家行政类公司

的员工，那么吸烟行为就是一般的违纪行为，若企业将该行为作为解除条件，即存在很大的不合理性。

［案例 2］某企业规定，拿单位一张纸就可以解除劳动合同。在普通情况下，员工拿公司一张纸或许无足轻重，大家也不会在意，企业若是将拿纸行为规定为解除合同的条件之一，势必会招来很大反对。但倘若这个厂家是印钞厂，而劳动者是印钞单位的一名员工，那么这张纸就不再是一张普通的纸，企业在规章制度中将其作为解除条件之一也是合理的，是可以被接受的。

通过上述两个实践案例分析，我们不难看出在审视企业规章制度合法性的同时，必须注意企业规章制度的合理性问题。但是究竟什么样的规章制度是合理的，衡量这个合理性的标准是什么？在实践中，把握这个尺度确实很难，但是我们需要把握的一个关键点是：合理性是“共识”，必须符合“人之常情和公序良俗”（绝大多数人员认可）。

《最高人民法院关于审理劳动争议案件适用法律问题的解释（一）》第五十条第一款规定，用人单位根据劳动合同法第四条规定，通过民主程序制定的规章制度，不违反国家法律、行政法规及政策规定，并已向劳动者公示的，可以作为确定双方权利义务的依据。

2. 人力资源管理制度编写流程

（1）成立管理制度编写小组。

公司成立管理制度编写小组的目的是在统一的管理体系下分工协作，充分讨论，确保各项管理制度流程的规范性。

管理制度编写小组由负责人、小组成员组成。小组成立后要制订统一的分工计划（见表 14–1）。

表 14–1　公司管理制度编写分工表

制度名称	配套记录	责任人	参加人员	计划完成日期
员工招聘管理制度				
员工培训管理制度				

续表

制度名称	配套记录	责任人	参加人员	计划完成日期
绩效考核管理制度				
薪酬福利管理制度				
……				
员工手册				

（2）管理制度分工起草。

小组成员按照计划分工推进，搜集资料，整理初稿。一个完整的制度主要是架构要统一，具体框架包括：

- 主要目的：描述管理制度制定的主要目的是什么；
- 术语定义：定义常见的专业术语和名词解释；
- 适用范围：清晰定义出制度的适用范围，如集团还是子公司等；
- 职责分工：定义在本项管理制度中各部门的职责；
- 主要流程：制度涉及的工作流程图；
- 制度规定：清晰规定制度的具体内容；

……

- 相关制度：本项管理制度引用哪些外部管理制度；
- 主要记录：本项管理制度配套的记录文件；
- 制度生效：规定制度何时正式生效。

需要特别说明的是，人力资源管理制度和记录文件的发布、变更，必须遵循ISO9000质量管理体系，通过规范的流程来进行，确保文件管理纳入统一的管控体系。

实战经验分享

1. 具体制度的制定，可搜索网站参考一些案例并结合企业实践来完成，也有专门的制度汇编图书可以参考。

2. 为了保障制度的有效性，建议公司设立内网专区统一维护文件编号和版本号，防止管理制度出现混乱现象。

（3）文件初审。

管理制度初稿完成后，小组可组织内部评审，确保其和相关管理制度衔接。

实战经验分享

人力资源管理制度的评审标准包括：①架构标准统一，内容系统全面；②内容合法；③可操作性强；④体现人性化管理的内容；⑤术语和名词规范通俗易懂。

（4）文件发布内部评审。

组织部门代表进行全公司范围内的评审，及时发现问题并修改完善。这也是内部民主公示程序的有机组成部分。

（5）内部民主公示程序。

公司内部评审后，走内部民主公示程序，确保制度的有效性。

（6）文件正式审批。

内部民主公示之后，由公司工会主席（或总经理）审批后实施。

14.3　规章制度发布

《劳动合同法》规定，用人单位在制定、修改或者决定有关劳动报酬、工作时间、休息休假、劳动安全卫生、保险福利、职工培训、劳动纪律以及劳动定额管理等直接涉及劳动者切身利益的规章制度或者重大事项时，应当经职工代表大会或者全体职工讨论，提出方案和意见，与工会或职工代表平等协商确定。据此，规章制度在制定程序上应强调民主性，只有通过职工代表大会讨论定稿后，与工会或职工代表通过平等协商才能确定。

规章制度的制定和通过要经过民主程序的核心思想，即劳动者对制度必须有全面的知情权。

需要特别说明的是，民主程序对规章效力的影响应以《劳动合同法》的实施时间为准，在 2008 年 1 月 1 日以前制定的规章制度只要内容合法且经过公示程序，即使缺少制定阶段的民主程序也可以作为用人单位管理和处分劳动者的依据。而在 2008 年 1 月 1 日以后制定的规章制度，只要缺少制定阶段的民主程序，一般就认定无效，不能作为用人单位管理、处分劳动者的依据。

为了确保公司发布制度的流程合法，可参考的流程如下：

〈流程 1〉规范民主评议通知

- 公司工会或人力资源部要在全公司范围内发布公司制度和民主评议通知，要让所有员工都知晓此事，而不是隐瞒或私自找部分员工参加这个会议，公司在发布制度时要做到透明化，积极接收员工提出的意见。
- 在发布参选人员时，可建议每个部门推荐 1—2 名员工代表参加民主评议会议，这样制度评议更具有代表性。
- 公司发布通知后，对于参加的人员名单也须全员公示。

〈流程 2〉规范参加人员签到

- 会议组织方在组织民主评议会议时，应要求参会代表现场签到。
- 无法按时参加会议的，可临时找替代人选参加。

表 14-2　公司制度民主评议签到表

评议制度			
讲解人员			
讲解日期	年　月　日		
讲解地点			
员工代表	所在部门	职务	签到时间

〈流程 3〉规范参会人员评议

- 在评审会上，制度起草负责人要向参会代表详细介绍制度出台背景、制度发布目的和制度具体内容。

- 参会代表听完讲解，要在会议结束后填写《公司制度民主评议表》并提交会议组织方（见表 14–3）。

表 14–3　公司制度民主评议表

<table>
<tr><td>评议制度</td><td colspan="3"></td></tr>
<tr><td>版本号</td><td colspan="3"></td></tr>
<tr><td>制度类别</td><td colspan="3">□公司首次发布新制度　□公司已发布制度完善　□其他</td></tr>
<tr><td>员工姓名</td><td></td><td>所在部门</td><td></td></tr>
<tr><td>评议日期</td><td>年　月　日</td><td>评议时间</td><td>自　时　分到　时　分</td></tr>
<tr><td>制度编制部门</td><td></td><td>制度说明人</td><td></td></tr>
<tr><td rowspan="2">对该制度
综合评议</td><td colspan="3">■制定制度的必要性：
□非常有必要　□没有必要，原因是：
____
____
■ 制度内容（内容条理性和清晰性）：
□非常好　□比较好　□一般　□比较差
□特别差，需要改善环节：________________
____
________________</td></tr>
<tr><td colspan="3">■ 个人对制度总体满意度
□非常满意　□比较满意　□不满意
■ 制度发布过程是否透明和民主
□透明或民主　□不透明或者不民主
■ 制度发布建议
□直接发布
□修改后发布，修改意见如下：
____
________________</td></tr>
<tr><td>其他意见或建议</td><td colspan="3"></td></tr>
<tr><td>员工代表
签字确认</td><td colspan="3">员工代表（签字 / 日期）：</td></tr>
</table>

〈流程 4〉形成民主评议报告

工会主席或会议负责人要系统统计参会人员评议结果，形成《公司制度发布民主评议报告》，并报工会主席签字（见表 14–4）。

表 14–4　公司制度发布民主评议报告

<table>
<tr><td>评议制度</td><td colspan="4"></td></tr>
<tr><td>版本号</td><td colspan="4"></td></tr>
<tr><td>制度类别</td><td colspan="4">□公司首次发布新制度 □公司已发布制度完善 □其他</td></tr>
<tr><td>参加评议员工</td><td colspan="4"></td></tr>
<tr><td>评议日期</td><td>年　　月　　日</td><td>评议时间</td><td colspan="2">时　分到　时　分</td></tr>
<tr><td>对该制度综合评议</td><td colspan="4">■制定制度的必要性：（　　）% 员工认为非常有必要，（　　）% 员工认为没有必要，总体结论是________
■制度内容：总体结论是________
■参会代表对制度总体满意度：总体结论是________
■制度发布过程是否透明和民主：（　　）% 员工认为透明或民主，（　　）% 员工认为不透明或不民主
■制度发布建议：（　　）% 员工认为可直接发布，（　　）% 建议修改后发布，修改意见汇总如下：
____
________</td></tr>
<tr><td>制度完善意见或建议</td><td colspan="4"></td></tr>
<tr><td>民主评议结论</td><td colspan="4">□制度可直接发布
□修改后发布，修改要点：
（1）
（2）
（3）
□不能发布，原因是：</td></tr>
<tr><td>工会主席（签字确认）</td><td colspan="4">工会主席（签字 / 日期）：</td></tr>
</table>

【备注】工会主席或员工代表委员会主席签字同意后方可确定是否发布。

〈流程 5〉根据评审报告决定是否发布

《公司制度发布民主评议报告》是公司管理制度发布的决策依据：

- 100% 同意通过，可直接发布；
- 部分同意：根据参会人员意见继续修改制度，之后再次组织评审会议。

民主评议是公司设计员工奖惩制度的关键环节，作为企业管理者必须高度重视。

实战经验分享

所谓的民主程序主要包括：讨论程序、协商程序，在这个过程中企业代表要与全体职工或职工代表讨论，全体职工或职工代表可提出意见和修改方案，通过有效的协商程序，用人单位与职工或工会协商确定。

事实上，很多规章制度只要内容合法，最终的决定权基本上都在用人单位手中。但是这个过程中要体现出对员工知情权的尊重，体现出企业真正以人为本的理念。

如何公示、公示的方式及形式，法律上均无明文规定，实践中可以通过组织学习、培训、考试、制作员工手册的方式告知劳动者。无论采取何种方式，对用人单位最稳妥的方法就是让员工签字确认已全部知悉该规章制度并同意遵守。相对而言，网上告知和板报的方式存在风险，如果员工否认知悉的话，用人单位将很难举证。同时，也不宜采用劳动合同附件的形式送达，原因有二：第一，将来很难修改；第二，如修改，存在新旧版本冲突，劳动者有权选择劳动合同中约定的、对其有利的版本。

14.4　规章制度效力

我国《劳动合同法》第四条第一款规定：“用人单位应当依法建立和完善劳动规章制度，保障劳动者享有劳动权利、履行劳动义务。”

除国家法律法规外，可以说企业的规章制度是用人单位的“自留地”，完善规章制度可以大大扩展企业的权利。但是如果规章制度不完善，在发生劳动纠纷和仲裁时，则应当按照对员工有利的方向来倾斜。

14.5 规章制度培训

为确保所有员工对公司的规章制度有清晰的了解和把握，作为 HR，要保留培训证据以防员工不认账。

培训时机：

1. 新员工入职培训；
2. 新制度发布之后；
3. 现行制度修改重新发布之后。

15 第十五章

劳动合同管理——专业化体现管理价值

- 如何规范企业劳动合同格式?
- 什么是固定期限的劳动合同?
- 什么是无固定期限劳动合同?
- 什么是非全日制的劳动合同?
- 工作任务劳动合同如何管理?
- 事实劳动关系如何有效回避?

15.1 规范劳动合同格式

作为人力资源部，可通过制定标准的合同条款来规范企业签订劳动合同的内容，业界比较好的做法是装订胶印（或打印）成册的合同书，参考格式如下：

A. 合同封面

企业有条件的话，最好精印成标准的册子以体现企业管理正规性。

封面要有“劳动合同书”标题、合同编号（企业制定编号规则并且保证唯一性）、甲方和乙方信息及合同签订日期等。

B. 合同封面内页

签订劳动合同须知

1. 签约双方应仔细阅读本合同书，以明确各自的权利和义务。用人单位和劳动者双方应充分了解《劳动合同法》，并应保证向对方提供的与劳动合同有关的各项信息真实有效。

2. 劳动合同必须由用人单位法定代表人或其委托代理人与劳动者本人

签订。

3. 本合同一律使用钢笔或签字笔填写，字迹清楚、文字准确。合同中凡需双方协商的，经协商一致后明确填写在空格内。

4. 甲方聘用乙方时，应查验乙方提供的未与其他用人单位存在劳动关系的凭证后，方可与其签订劳动合同；乙方与原用人单位未解除劳动关系的，以及甲方聘用的退休人员，不能签订劳动合同。甲方有权了解乙方与劳动合同直接有关的基本情况，乙方应当如实说明。

5. 劳动合同期限为三个月以上不满一年的，试用期不得超过一个月；劳动合同期限为一年以上不满三年的，试用期不得超过二个月；三年以上固定期限和无固定期限的劳动合同，试用期不得超过六个月。同一用人单位与同一劳动者只能约定一次试用期，试用期包含在劳动合同期限内。

6. 社会保险费按国家规定缴纳，双方不能协商约定。

7. 解除或终止劳动合同的，甲方应当出具终止、解除劳动合同的证明书。

8. 甲方变更名称、法定代表人、主要负责人和投资人，不影响劳动合同的履行；甲方发生合并、分立，原劳动合同继续有效，劳动合同由承继其权利和义务的用人单位继续履行。

9. 甲方不得采取欺诈、胁迫等手段与劳动者签订违背其意愿的劳动合同。除约定服务期和竞业限制条款两种情形外，用人单位不得约定由劳动者承担违约金。应由劳动者持有的合同文本用人单位不得代为保管。

10. 合同须由当事人签字生效，代签或冒签无效；如有修改处应经当事人捺印认可。

11. 甲乙双方可以就保守甲方商业秘密与知识产权的内容和范围、权利义务、保密期限、违约责任以及竞业限制另行签订专项协议。

12. 合同正本必须由甲乙双方按盖骑缝印章，以示唯一严密。

C. 合同正文

根据《劳动法》《劳动合同法》和国家及合同所在地区有关法律和法规，甲乙双方经平等自愿、协商一致签订本合同，双方郑重承诺共同遵守本合同所列条款。

【公司（甲方）】____________________

【甲方法定代表】____________________

【甲方办公地址】________________________________

【员工（乙方）】________________________________

【乙方身份证号】________________________________

【居住地址】______________________（邮政编码：________）

【电子信箱】公司内部：__________　外部：________________

【联系方式】手机号：__________　QQ：__________　固话：________

【紧急联系人】__________　手机号：________________

一、劳动合同期限

本劳动合同类型：

□固定期限劳动合同（本合同自____年____月____日起正式生效，至____年____月____日止）

□无固定期限劳动合同

□以完成一定工作为期限的合同，具体为________________（若乙方实际开始工作时间与合同约定起始时间不一致的，以实际开始工作时间为本合同实际起始时间）

本合同期满后，乙方仍按原约定履职的，甲方依照原合同约定支付相应的劳动报酬，经甲乙双方协商一致，可以续订劳动合同。

二、试用期约定

□无试用期

□固定期限劳动合同试用期为______个月（自____年____月____日至____年____月____日）

三、工作内容和工作地点

1. 乙方同意根据甲方工作需要，在__________部门承担________类工作。

2. 根据甲方的岗位（工种）作业特点，乙方的工作区域（或工作地点）为：

□办公地址（见上述办公地址内容）

□可调整办公地址 –1：________________________________

□可调整办公地址 –2：________________________________

□可调整办公地址 –3：________________________________

甲乙双方共同确认的可调整地点是乙方同意无条件服从甲方的工作安排。

四、工作时间和休息休假

1. 甲方安排乙方实行第______项工作制度。

A：标准工作制：甲方安排乙方每日工作时间不超过 8 个小时，每周不超过 40 个小时。甲方保证乙方每周至少休息一日。甲方由于工作需要，经与工会和乙方协商后可以延长工作时间，一般每日不得超过 1 个小时。

因特殊需要需延长工作时间的，在保障乙方身体健康的条件下，延长工作时间每日不得超过 3 个小时，每月不得超过 36 个小时。

B：综合计算工时工作制。

C：不定时工作制。

2. 乙方执行有限弹性工时制的，在法律法规的范围内根据岗位特点，以工作任务为主确定工时，平均日和平均周工作时间按照法定标准计算。

3. 加班流程要求：甲方安排乙方加班的，应提前填写《加班申请单》经上级主管和中心负责人批准后交人力资源部备案，如无审批通过后的《加班申请单》，乙方可拒绝执行加班任务。

4. 乙方在合同期内享受法定节假日、公休日、年休假及婚丧假、生育假等有薪假期的待遇，详见甲方考勤与休假管理相关制度的规定。

五、劳动报酬

1. 甲方给予乙方的工资结构为基本工资 + 绩效工资，基本工资和绩效工资结构比例为______，乙方的基本工资为________元（月薪大写为人民币______万______仟______佰______拾______元整），其试用期的基本工资为________元（试用期工资不得低于甲方相同岗位最低档工资或者本合同约定工资的 80% 且不得低于甲方所在地的最低工资标准）。

合同期内甲方每月______日前以货币形式支付乙方上月工资。若甲方未按时支付或乙方认为甲方未按时支付的，则视为甲方以书面形式告知乙方拒付工资日期。

2. 双方约定：甲方采用试用期考核的方式对乙方进行考核，根据《试用期考核表》双方签署约定条款规范转正后正式工资与考核成绩的关系。

3. 甲乙双方对劳动报酬的相关约定：

（1）因不可抗力或甲方之外的第三方原因导致工资支付延期且经甲方事前声明的，不属于工资拖欠的情形；

（2）甲方对乙方业绩考核、旷工、病假、事假、迟到、拖欠甲方款物等减发、扣发乙方工资的，不属于克扣工资情形；

（3）由于乙方原因给公司造成重大经济损失、客户重大投诉、重大质量事故，乙方严重违反劳动纪律及消极怠工等给公司造成损失等，乙方接受甲方对本人以扣除工资方式给予的经济处罚，并且认可不属于克扣工资情形；

（4）乙方的个人所得税由乙方自行承担，甲方按国家相关规定代扣代缴乙方的个人所得税；

（5）乙方同意有下列情形的甲方依据《薪资福利制度》变更月薪标准：

- 乙方工作岗位、职务或岗位和职务职责发生变化的；
- 甲方根据生产、经营效益情况统一调整和变更的；
- 甲方根据乙方工作业绩考核结果变更的；
- 其他情况需要调整乙方月工资标准的。

（6）经员工个人申请，公司批准并且在人力资源部批准备案的加班，员工的上级主管应安排倒休或按国家规定标准支付加班工资。

六、社会保险及其他保险福利待遇

1. 在合同期内，甲方按照国家和地方有关规定为乙方缴纳各种法定的社会保险，按时足额缴纳和代扣代缴乙方的社会保险费。

2. 乙方患病或非因工负伤，其病假工资、疾病救济费和医疗待遇按照国家和地方的有关规定及甲方实施办法执行。

3. 甲方可根据本单位的具体情况，依法制定内部职工福利待遇实施细则，乙方有权按照公示的福利待遇规则享受相关福利待遇。

七、劳动保护、劳动条件和职业危害防护

1. 甲方根据生产岗位的需要，按照国家有关劳动安全、卫生的规定为乙方配备必要的安全防护措施，发放必要的劳动保护用品。

2. 甲方根据国家有关法律法规，建立安全生产制度；乙方应当严格遵守甲方的劳动安全制度，严禁违章作业，防止劳动过程中的事故，减少职业危害。

3. 甲方为乙方提供必要的劳动条件和劳动工具，建立健全生产工艺流程，制定操作规程、工作规范和劳动安全卫生制度及其标准。

4. 甲方应当建立、健全职业病防治责任制度，加强对职业病防治的管理，提高职业病防治水平。甲方应按照国家有关部门的规定定期组织安排乙方进行身体健康检查。

八、知识产权及相关保密约定

1. 甲方固有的和乙方在甲方任职期间创建的经营渠道、业务客户、人力资源、软件技术、经营模式、经济合同等经济信息或情报以及经营业务、管理技术方面的业绩或聘用期间所产生的职务作品，其知识产权，根据劳动关系双方有偿服务原则，均属于甲方所有的企业资产和机密。乙方必须遵守保密约定，不得向外透露，并绝对禁止使用这些商业秘密为自己或他人牟利，违反本规定乙方需承担法律责任并赔偿一切经济损失。

2. 对甲方的企业资产和机密，未经甲方书面同意，乙方不得以任何理由在本职工作范围之外以任何形式擅自使用，包括采取以转让、授权他人、泄密等形式的非法使用，否则视为乙方违约，因此给甲方造成的经济损失和其他方面的损失，甲方享有追究乙方法律责任和要求经济赔偿的权利。

3. 合同期内，乙方不得以任何借口在其他企业兼职；不得为本公司以外的任何单位和个人进行有损本公司利益的活动；不得擅自以甲方名义同第三方签订合同或进行交易。

4. 乙方调离甲方或合同期满时，乙方应把所有相关商业秘密的资料移交甲方，同时承担不向外泄露商业秘密的义务。

5. 乙方保证在两年内不从事与甲方商业秘密有关的工作，并不得在同类竞争企业任职，或者自己开业生产及经营同类产品、从事同类业务。

6. 乙方违反竞争竞业限制约定的，除赔偿因此给甲方带来的直接经济损失外，还应当向甲方支付违约金，数额为甲方已支付给乙方的经济补偿数额的两倍。

九、劳动合同的解除、终止以及经济补偿

1. 有下列情形的，甲乙双方应变更劳动合同并及时办理变更合同手续：

- 甲乙双方协商一致的；
- 订立本合同所依据的客观情况发生重大变化，致使本合同无法履行的；
- 订立本合同所依据的法律、法规、规章发生变化的。

2. 有下列情形之一的，甲方可以解除本合同，但应当提前三十日以书面形式通知乙方或额外支付乙方一个月的工资：

- 乙方患病或非因工负伤，医疗期满后不能从事原工作也不能从事由甲方另行安排的工作的；

- 乙方不能胜任工作，经过培训或调整工作岗位仍不能胜任工作的，如在绩效考核中，考核不合格后经培训仍考核不合格等；
- 本合同订立时所依据的客观情况发生重大变化，致使本合同无法履行，经当事人协商不能就变更本合同达成协议的。

3. 乙方有下列情形之一，甲方可随时解除本合同，且不承担经济补偿责任：

- 在试用期间被证明不符合录用条件的；
- 严重违反甲方规章制度，按规章制度规定可解除劳动合同的；
- 严重失职，营私舞弊，对甲方利益造成一千元以上（含）重大损害的；
- 被依法追究刑事责任的；
- 同时与其他用人单位建立劳动关系，对完成本单位的工作任务造成严重影响，或经用人单位提出，拒不改正的；
- 以欺诈、胁迫的手段或乘人之危，使甲方在违背真实意思的情况下订立或变更劳动合同的；
- 应聘前曾受到其他单位记过、留厂察看、开除或除名等严重处分或有吸毒等劣迹行为而在应聘时未声明的；
- 应聘前曾被劳动教养、拘役或依法追究刑事责任而在应聘时未声明的；
- 法律、法规规定的其他情形。

4. 乙方有下列情形之一的，甲方不得依据《劳动合同法》第四十条、第四十一条解除本合同：

- 在甲方患职业病或因工负伤并被确认丧失或部分丧失劳动能力的；
- 患病或非因工负伤，在规定医疗期内的；
- 女职工在孕期、产期、哺乳期内的；
- 乙方从事接触职业病危害作业未进行离岗前职业健康检查，或疑似职业病病人在诊断或医学观察期间的；
- 在甲方连续工作满十五年，且距法定退休年龄不足五年的；
- 法律、行政法规规定的其他情形。

5. 甲方有下列情形之一的，乙方可以解除本合同：

- 未按照劳动合同约定提供劳动保护或劳动条件的；
- 以暴力、威胁或非法限制人身自由等手段强迫劳动的；

- 未按照劳动合同约定支付劳动报酬的；
- 未依法为劳动者缴纳社会保险的；
- 规章制度违反法律、法规的规定，损害劳动者权益的；
- 违章指挥、强令冒险作业危及乙方人身安全的。

6. 有下列情形之一的，本合同终止：

- 本合同到期；
- 甲方破产、被吊销营业执照、被责令关闭、解散或者被撤销的；
- 乙方退休、退职、死亡、被宣告死亡或被宣告失踪的；
- 甲乙双方实际已不履行本合同满三个月的；
- 法律、行政法规规定的其他情形。

7. 试用期内乙方计划辞职至少需要提前 3 天申明，正式合同期内乙方要求解除劳动合同需提前 30 日以书面形式通知甲方，并办理解除劳动合同手续。但所承担的工作尚未完成，工作无法交接，马上离职会给甲方造成经济损失的，乙方暂不能解除劳动合同；乙方给甲方造成的经济损失尚未处理完毕或因其他问题在被审查期间的，乙方不得解除劳动合同。

8. 甲方应当在解除或终止本合同时出具解除或终止劳动合同的证明，并在 15 日内为乙方办理档案和社会保险关系转移手续，不得无故拖延或拒绝。

9. 本合同期满，即行终止，任何一方需要续订合同时，在合同终止前一个月内，经对方同意后，可办理续签手续。

10. 连续订立两次固定期限劳动合同，除乙方提出订立固定期限劳动合同外，应当签订无固定期限劳动合同。

11. 甲方依照企业破产法规定进行重整的，或生产经营发生严重困难的，或企业转产、重大技术革新或经营方式调整，经变更劳动合同后，仍需裁减人员的，或其他因劳动合同订立时所依据的客观经济情况发生重大变化，致使劳动合同无法履行的，经提前 30 日向工会或全体职工说明情况，听取工会或职工的意见，并向劳动保障行政部门报告后，可以解除本合同。

十、双方其他约定

甲乙双方约定本合同增加以下内容：

1. 乙方变更联系信息的，必须及时提交甲方人力资源部备案，如乙方未及时通知甲方变更的，甲方以合同所注明地址、电子信箱发送的任何文件、实物视为送达。

2. 乙方声明其与甲方有竞争关系、合作关系的第三方不存在任何争议或纠纷，且不存在任何未解除的劳动关系或有可能影响甲方权益及本合同履行的情形。

3. 甲方采取无纸化办公，乙方应定期阅读公司网站发布的各项通知及规章制度，并严格遵守。甲方人事管理规定、《员工手册》《职位说明书》及其他内部规章制度为本协议的附件，与本协议具有同等法律效力，乙方知悉并认可。

4.____。

5.____。

6.____。

十一、劳动争议处理及其他

1. 因履行本合同发生的劳动争议，当事人可向本单位劳动争议调解委员会申请调解；不愿调解或调解不成，当事人一方要求仲裁的，应当自劳动争议发生日起六十日内向甲方所在地劳动争议仲裁委员会申请仲裁。当事人一方也可直接向劳动争议仲裁委员会申请仲裁，对仲裁裁决不服的，可向人民法院提起诉讼。

双方因履行本合同发生争议，当事人可向甲方劳动争议调解委员会申请调解；调解不成的，可向甲方所在地劳动争议仲裁委员会申请仲裁。

2. 本合同的附件如下：乙方身份证复印件、员工入职登记表及甲方规定的其他入职相关文件。

十二、合同生效

1. 本合同生效前双方签订的任何《劳动合同》自本合同签订之日起自动失效，其他之前签订的相关协议文本（包括但不限于《保密协议》《培训协议》和《竞业限制协议》）的规定与本合同不一致的，以本合同为准。

2. 本合同正本一式两份，甲乙双方各执一份，具有同等的法律效力。

3. 本合同未尽事宜，双方可另行协商解决；如有与国家法律、行政法规等相抵触的，按有关规定执行。

甲方（公章）________________________

签订日期：______年____月____日

乙方（签字）：________________________

签订日期：______年____月____日

实战经验分享

为了保证劳动合同续签及劳动合同内容变更的方便性，同时为了保证劳动合同的连续性，正式打印的劳动合同可加续签和变更页。

例如，劳动合同续订页（可增加内容）：

本次续订劳动合同期限类型为＿＿＿＿＿期限合同，续订合同生效日期为＿＿＿年＿＿月＿＿日，续订合同＿＿＿年＿＿月＿＿日终止。

劳动合同变更页（可增加内容）：

经甲乙双方协商一致，对本合同作以下变更：

（1）

（2）

（3）

合同变更日期：　　　年　　月　　日

15.2 固定期限劳动合同

固定期限劳动合同，是指用人单位与劳动者约定合同终止时间的劳动合同。具体是指劳动合同双方当事人在劳动合同中明确约定了合同效力的起始和终止时间。劳动合同期限届满，劳动关系即告终止。如果双方协商一致，还可续订劳动合同，延长劳动期限。固定期限的劳动合同可以是较短时间的，如半年、一年、两年，也可以是较长时间的，如五年、十年，甚至更长时间。不管时间长短，劳动合同的起始和终止日期都是固定的。具体期限由当事人双方根据工作需要和实际情况来确定。

此外，《劳动部关于贯彻执行〈中华人民共和国劳动法〉若干问题的意见》第二十一条第二款规定，从事矿山井下以及在其他有害身体健康的工种、岗位工作的农民工，实行定期岗位轮换，合同期限最长不超过 8 年。

15.3 无固定期限劳动合同

无固定期限劳动合同，是指用人单位与劳动者约定无确定终止时间的劳动合同。这里所说的无确定终止时间，是指劳动合同没有一个确切的终止时间，劳动合同的期限长短不能确定，但并不是没有终止时间。只要没有出现法律规定的条件或双方约定的条件，双方当事人就要继续履行劳动合同约定的义务。

无固定期限劳动合同主要包括以下三种类型：

- 劳动者在该用人单位连续工作满十年的；
- 用人单位初次实行劳动合同制度或国有企业改制重新订立劳动合同时，劳动者在用人单位连续工作满十年且距法定退休年龄不足十年的；
- 连续订立二次固定期限劳动合同的。

实战经验分享

需要特别注意的是，无固定期限劳动合同不是传统意义上的“铁饭碗”，即使和企业签订了无固定期限劳动合同，如果员工有严重违纪行为，企业也可解除劳动合同且无须支付任何经济补偿。

15.4　事实劳动关系

事实劳动关系是指用人单位与劳动者没有订立书面合同，但双方实际履行了劳动权利和义务而形成的劳动关系。法律上赋予“事实劳动关系”合法地位，更多的是维护劳动者的合法权益。

事实劳动关系一般有以下几种情形：

1. 无书面形式的劳动合同而形成的事实劳动关系；
2. 无效劳动合同而形成的事实劳动关系；
3. 双重劳动关系而形成的事实劳动关系。

【场景 1】无书面形式的劳动合同而形成的事实劳动关系

就劳动合同订立的形式而言，一般认为目前我国《劳动法》只认可了书面形式的劳动合同。从实践中看，无书面劳动合同而形成的事实劳动关系一般又分为两种：一种是自始未签订书面劳动合同；另一种是原劳动合同期满，用人单位和劳动者未以书面形式续订劳动合同，但劳动者仍在原单位工作。无书面形式的劳动合同是引起事实劳动关系纠纷的最主要原因。在审理劳动合同纠纷中，相当一部分仲裁机构或法院对于无书面劳动合同的劳动争议案，或不予受理，或认定为无效，因此导致许多劳动者的权益得不到有效保护。

无书面形式的劳动合同可形成事实劳动关系，而对于事实劳动关系，国家相关的法律法规并没有否定其效力，如《劳动部关于贯彻执行〈中华人民共和国劳动法〉若干问题的意见》第二条规定，中国境内的企业、个体经济组织与劳动者之间，只要形成劳动关系，即劳动者事实上已成为企业、个体经济组织的成员，并为其提供有偿劳动，适用劳动法。1995 年，原劳动部颁布的《违反〈劳动法〉有关劳动合同规定的赔偿办法》第二条第一项规定，用人单位故意拖延不订立劳动合同，即招用后故意不按规定订立劳动合同以及劳动合同到期后故意不及时续订劳动合同的，对劳动者造成损害的，应赔偿劳动者的损失。从上述规定的内容来看，无书面形式的劳动合同形成的事实劳动关系也是一种受法律保护的劳动关系，不能简单将其视为无效，而应当适用《劳动法》支付经济补偿金。

【场景 2】无效劳动合同而形成的事实劳动关系

我国《劳动法》第十八条规定了两种劳动合同无效：（一）违反法律、行政法规的劳动合同；（二）采取欺诈、威胁等手段订立的劳动合同。无效的劳动合同，从订立的时候起，就没有法律约束力。对于无效劳动合同的法律后果是什么，《劳动法》未作出明确规定。从《劳动法》的规定来看，无效劳动合同一般是由于主体不合格、合同的内容不符合法律规定、订立合同采取欺诈或威胁手段等原因所致。

按照《劳动法》的规定，无效的劳动合同，从订立的时候起，就没有法律约束力，即劳动合同自始无效。这时，如果劳动者已提供了劳动，则自始无效的劳动合同已不能成为劳动者与用人单位双方相互提出请求权的基础。如果按《民法典》的理论，合同无效的，因该合同取得的财产应当予以返还。显然，劳动合同无法适用《民法典》的原理，因为劳动力一旦付出，就无法恢复到合同订立前的状态。对因劳动合同无效而发生的劳动关系，同样应当视为一种事实劳动关系。在这种情况下，劳动者的利益应受法律保护，劳动者应当依照法律规定对其劳动提出报酬请求权。对于这种事实劳动关系的处理，按现行立法和有关司法解释的规定，一是用人单位对劳动者付出的劳动，可参照本单位同期、同工种、同岗位的工资标准支付劳动报酬；二是如果订立无效劳动合同是因用人单位所致，给劳动者造成损失的，则劳动者可以获得赔偿。

【场景3】双重劳动关系而形成的事实劳动关系

双重劳动关系是指劳动者与两个或两个以上的用人单位建立的劳动关系。双重劳动关系在现实生活中大量存在。在双重劳动关系下，一般都有一个正式挂靠单位，哪怕并不提供劳动，也可以领取最低工资、享受社会保险待遇。而对于双重劳动关系来说，如果第二个劳动关系发生纠纷诉至法院，一般会被认定为劳务关系而不作为劳动关系来处理，也就是说，劳动者只能要求劳动报酬的给付而不能要求其他依照《劳动法》所能享有的权益。

通常来说，不承认双重劳动关系的理由主要基于以下几点：一是根据传统《劳动法》理论，一般认为每个职工只能与一个单位建立劳动法律关系，而不能同时建立多个劳动法律关系；二是依据《劳动法》第九十九条“用人单位招用尚未解除劳动合同的劳动者，对原用人单位造成经济损失的，该用人单位应当依法承担连带赔偿责任”的规定，推导出法律禁止劳动者与多个用人单位建立劳动关系；三是如果承认双重劳动关系，必然会导致社会保险关系的混乱，从而引起不利的后果。

16 第十六章 劳动争议预防——防患于未然的管理之道

- 如何增强管理意识?
- 如何规范管理制度?
- 为何加强内部培训?

预防劳动争议不仅是人力资源部的事情，从一定意义上来讲更是公司各级管理者特别是企业高管必须高度重视的问题。

16.1 增强法律意识

劳动争议是企业经营管理中必然遇到的问题，这是无法回避的，除非企业对员工足够慷慨和包容，对员工提出的各种要求都能满足，但事实上这是不可能的，毕竟企业的资源是有限的。对于员工非法和非分的要求，企业各级管理者必须拿起法律的武器维护自身合法权益。

在人力资源管理实践中，有的企业管理者法律意识淡薄，以为劳动者的问题可以通过“非常”手段来解决（如恐吓、威胁等），这是不可取的。

我国在维护劳动者合法权益方面制定了《劳动法》和《劳动合同法》等核心法律，这些法律法规是企业经营管理的底线，突破这条底线，不仅损害劳动者的合法权益，也会严重影响企业的声誉和名誉，企业“因小失大”的做法是不值得的。

“合法经营，依法维权”是企业各级管理者必须具备的最核心的法律意识，拿起法律的武器维护企业的合法权益，在“情”与“法”之间找到合理的平衡点，积极推动和解决劳动争议，学会换位思考，这些管理意识是企业管理者必须具备的。

16.2 规范管理制度

企业人力资源管理制度绝非可有可无的，有的企业管理者漠视制度，靠权威、靠自律等维护企业管理，这些做法实际上并不可取。

公司制度是公司文化的一部分，更是维护企业合法权益的武器。

俗话说“国有国法，家有家规”，对于企业而言，制定完善的管理制度和规范，不仅是企业科学管理的需要，也是维护企业核心利益的需要。

科学规范的管理制度，可通过民主发布流程确保制度的有效性，在员工违反公司管理制度时，企业能提供必要的制度依据和管理依据，这是在劳动争议发生时，企业必须举证的内容。

要想建立规范的人力资源管理制度，首先必须认真学习和人力资源相关的国家法律法规。对这些法律的深刻理解和掌握，是做好人力资源管理的关键，更是企业制定规章制度的基础，因为任何违背国家法律的制度都是无效的。

其次要对人力资源管理作出系统的问题诊断、提炼和总结，按照 PDCA 的模式（计划→执行→检查→反馈），按照问题的优先级循序渐进来推动人力资源管理问题的解决。

需要特别说明的是，人力资源管理制度流程要有配套记录文件的支持，这些规范的记录文件是人力资源做好日常管理的基本保证。

16.3 加强内部培训

企业有了规范的制度还是不够的，必须对全体员工做好制度培训，让员工对制度知情，员工是否知情是仲裁时企业提交的关键证据。

企业可采取的培训灵活多样，如：

1. 新员工入职培训：新员工入职时由人力资源部负责人系统讲解公司人力管理制度，培训证据包括《培训签到表》和《培训效果调查表》等。

2. 新制度发布时的员工培训：企业发布新制度时必须做好员工培训，这是企业必须把控的关键点。企业可通过《制度传阅单》让员工签字传阅，员工有异议的，由公司人力资源部负责解释。当然，制度发布之前要通过民主程序发布。

3. 制度变更时的员工培训：对于有调整的制度，在涉及员工切身利益的制度发布时，也要做好全员培训，培训常见的记录包括《培训签到表》和《培训效果调查表》，这些记录要收集保存好。

4.《员工手册》：企业制定《员工手册》时，可把关键制度及关键条款（特别是涉及员工切身利益的条款）列入其中，在新员工入职时签署。有条件的企业还可以把所有制度条款都浓缩在《员工手册》（采用小字体以节省纸张空间），这样的制度最新最全，员工签字后即代表其对制度的知情。

16.4　学会换位思考

俗话说“人心都是肉长的”，企业如何对待员工，反过来员工就会怎样对待企业。例如，在处理员工劳动纠纷过程中，比较刚性的处理方式是完全依照国家法律法规，那么我们能不能换位思考站在员工的角度，考虑一下员工的感受和真正关切点，采用平等友好协商的方式来处理，最终达到企业与员工的双赢呢？这些都是值得我们认真思考的地方。

16.5　掌握利益平衡

一个优秀的 HR 从业者，必须学会平衡企业和员工的利益，找到双方的利益平衡点。如果单纯地站在维护企业利益的角度考虑问题，可能会走向管理的极端。

员工和企业发生劳动争议时，企业管理者特别是 HR 管理者要善于从法律的专业化高度说服员工，市面上人力资源专著很多，靠专业图书提供的专业内容来说服员工，事实上比很多说服方式都有效，因为专业图书中的内容是客观的。

对于员工有合理诉求而企业一时无法满足的，企业 HR 管理者要站在将心比心的角度来说服员工。如果员工不依不饶，说明员工确实“冤屈”或受到委屈，乃至不公正的待遇，作为企业 HR 要善于研究员工心理，站在平衡的角度去平衡员工合理诉求与企业承受力之间的关系。

特别提出一点，员工无理取闹的诉求属于另类，企业 HR 实在无法说服时可运用法律武器积极应诉。

实战经验分享

本人已出版图书《企业人力资源管理全程实务操作》对《劳动合同法》《社会保险法》《劳动争议调解仲裁法》三部法律作了经典阐述，企业各级管理者都应吃透这些国家法律法规，在法律框架内维护企业的合法权益。

17 第十七章 劳动争议解决——运用法律有效处理

- 劳动争议如何调解？
- 劳动争议如何仲裁？
- 劳动争议如何诉讼？

17.1 劳动争议调解

劳动争议指的是劳动关系当事人之间因劳动的权利与义务发生分歧而引起的争议，又称劳动纠纷。和谐社会是主旋律，在人力资源管理实践中，必须本着建立和谐劳动关系的宗旨，及时有效地处理好劳动争议，切实维护企业的形象和声誉。

劳动争议当事人有四条途径解决争议（见表 17–1）。

表 17–1 劳动争议解决模式

处理模式	主要应对措施	受理期限	备注
协商	劳动争议双方当事人在发生劳动争议后，首先应当协商，找出解决的方法	没有时限要求	协商是解决争议的推荐方法

续表

处理模式	主要应对措施	受理期限	备注
调解	调解程序并非法律规定的必经程序，然而对于解决劳动争议却起着很大作用，尤其是对于希望仍在原单位工作的职工，通过调解解决劳动争议当属首选	自劳动争议调解组织收到调解申请之日起十五日内未达成调解协议的，当事人可以依法申请仲裁	调解主要指企业劳动争议调解委员会对本单位发生的劳动争议的调解
仲裁	劳动争议仲裁委员会负责管辖本区域内发生的劳动争议。劳动争议由劳动合同履行地或者用人单位所在地的劳动争议仲裁委员会管辖。双方当事人分别向劳动合同履行地和用人单位所在地的劳动争议仲裁委员会申请仲裁的，由劳动合同履行地的劳动争议仲裁委员会管辖	劳动争议申请仲裁的时效期间为一年。仲裁时效期间从当事人知道或者应当知道其权利被侵害之日起计算。劳动争议仲裁委员会收到仲裁申请之日起五日内，认为符合受理条件的，应当受理，并通知申请人；认为不符合受理条件的，应当书面通知申请人不予受理，并说明理由。对劳动仲裁庭裁决劳动争议案件，应当自劳动争议仲裁委员会受理仲裁申请之日起四十五日内结束。案情复杂需要延期的，经劳动争议仲裁委员会主任批准，可以延期并书面通知当事人，但是延长期限不得超过十五日	必经程序，非经该程序直接向法院起诉的，人民法院不予受理
诉讼	人民法院受理	当事人对仲裁裁决不服的，可以自收到仲裁裁决书之日起十五日内向人民法院提起诉讼。根据《中华人民共和国民事诉讼法》的规定，人民法院适用普通程序审理的案件，应当在立案之日起六个月内审结。有特殊情况需要延长的，经本院院长批准，可以延长六个月；还需要延长的，报请上级人民法院批准	当事人对人民法院一审判决不服的，可以再提起上诉，二审判决是生效判决，当事人必须执行

实战经验分享

关于处理因签订或履行集体合同发生的争议，《劳动法》第八十四条作了特殊的程序规定，即因签订集体合同发生争议，当事人协商解决不成的，当地人民政府劳动行政部门可以组织有关各方协调处理。因履行集体合同发生争议，当事人协商解决不成的，可以向劳动争议仲裁委员会申请仲裁；对仲裁裁决不服的，可以向人民法院提起诉讼。

17.2 劳动争议仲裁

劳动争议仲裁是指劳动争议仲裁委员会根据当事人的申请，依法对劳动争议在事实上作出判断、在权利义务上作出裁决的一种法律制度。

根据《劳动争议调解仲裁法》第一条与第三条，劳动争议仲裁应当根据事实，合法、公正、及时、着重调解的原则，保护当事人合法权益，促进劳动关系和谐稳定。

一、案件受理

这一阶段包括两项工作：一是当事人在规定时效内向劳动争议仲裁委员会提交请求仲裁的书面申请；二是案件受理，仲裁委员会在收到仲裁申请后要在一定期限内作出受理或不受理的决定。

立案通知书范本

京 × 劳仲字〔　　〕第　　　号

______________________：

本委已受理______________________劳动人事争议一案，现将申请书副本送达你（单位），并将有关事项通知如下：

一、请你（单位）提交证据时向本委提交答辩书两份（使用 A4 型纸，并签名或盖章）。

二、用人单位应提交《营业执照》副本复印件（A4 型纸）并填写法定代表人身份证明书、送达地址确认书并加盖公章。

三、如需委托代理人代理参加仲裁活动，已经确定具体人选，即应填写《授权委托书》，在提交证据时提交本委。

四、本委决定此案由仲裁员__________承办。

证据交换厅联系电话：________________，如要求仲裁员回避，当事人须在举证期限届满前向本委书面提出回避申请。

五、如对本案管辖持有异议，请自收到本通知书之日起十日内向本委书面提出，并提供相关依据的原件。

（盖章）

年　　月　　日

【注】如遇特殊情况需调整仲裁员的，由仲裁委员会办公室决定。

本委地址：　　　　　　　　　　　　　　　　　邮编：

关于出庭通知书参考范例如下：

出庭通知书范本

______________________：

本委受理__________________劳动人事争议一案，现决定于__________在________房间（等候室）等候开庭，请准时出席。仲裁员由________担任。

逾半小时未到庭，对申请人按撤诉处理，对被申请人按缺席处理。

特此通知。

（盖章）

年　　月　　日

二、调查取证

调查取证的目的是搜集有关证据和材料，查明争议事实，为下一步的调解或裁决做好准备工作。调查取证工作包括撰写调查提纲，根据调查提纲进行有针对性的调查取证，核实调查结果和有关证据等。

举证责任

- 谁主张，谁举证；
- 举证责任倒置：因用人单位作出的开除、除名、辞退、解除劳动合同、减少劳动报酬、计算劳动者工作年限等决定而发生的劳动争议，用人单位负举证责任。

举证证据

1. 证据的种类

证据包括当事人的陈述、书证、物证、视听资料、电子数据、证人证言、鉴定意见、勘验笔录。

2. 证据的证明力顺序

- 依法制作的公文书证证明力大于其他书证；
- 档案的鉴定结论大于视听资料与证人证言；
- 原始证据证明力大于传来证据；
- 直接证据证明力大于间接证据；
- 一般证人证言证明力大于有利害关系证人的证言。

举证技巧

1. 利用调解阶段争取案件的主动权

包括及时申请仲裁、准确把握事实、要有明确的申诉请求、不放弃诉讼的权利、被告要积极应诉及有条件的应提起反诉等。

2. 要注意无须举证的情况

包括众所周知的客观事实、自然规律、根据法律规定或已知事实和日常生活经验法则能推定出的另一事实、已为人民法院发生法律效力的裁判所确认的事实、已为仲裁机构的生效裁决所确认的事实、已为有效公证文书所证明的事实等。

实战经验分享

常见几种证据的举证质证技巧：

（1）劳动者要求加班工资的，用人单位应就企业加班管理制度（如加班必须通过公司审批否则不视为加班）或考勤记录等进行举证。

（2）劳动者已举证证明在用人单位处提供劳动，但用人单位主张劳动关系不成立的，则由用人单位提交反证。

（3）用人单位延期支付工资，劳动者主张用人单位系无故拖欠工资的，用人单位应就延期支付工资的原因进行举证。

（4）双方当事人均无法证明劳动者实际工作时间的，用人单位就劳动者所处工作岗位的一般加班情况进行举证。

（5）用人单位减少劳动者的劳动报酬，如扣绩效工资等，应就减少劳动报酬的原因及依据进行举证，如员工绩效承诺签字书等。

（6）用人单位主张劳动者严重违反劳动纪律或企业规章制度的，应就劳动者存在严重违反劳动纪律或规章制度的事实、证明人，以及企业规章制度经民主程序制定并已向劳动者公示的事实进行举证。

关于举证通知书参考如下：

举证通知书范本

____________________：

本委已受理____________________劳动人事争议一案，请填写《证据材料目录》并准备证据材料，于____________________准时提交至（××××），办理举证及交换证据手续。

注：为确保您有效行使权利请仔细阅读《举证须知》（附后）。

1. 提交证据时应提交证据复印件一式两份（A4 型纸），并提交两份《证据材料目录》。

2. 提交视听资料证据的，应当提交两份光盘拷贝件和两份完整的书面对话记录。

3. 申请证人出庭作证的，须提交证人亲笔签字的证人证言。

4. 超过本委指定时间 30 分钟未提交证据的，窗口将不再收取证据。

附：《举证须知》

（盖章）

年　　月　　日

《举证须知》范本

一、举证责任

1. 对当事人或代理人身份有异议的，由持有异议的一方承担举证责任。

2. 当事人对自己提出的仲裁请求所依据的事实，或反驳对方仲裁请求所依据的事实有责任提供证据加以证明。

没有证据或证据不足以证明当事人事实主张的，由负有举证责任的当事人承担不利后果。

3. 劳动者无法提供由用人单位掌握、管理的与仲裁请求有关的证据时，仲裁庭可以要求用人单位在指定期限内提供。用人单位在指定期限内不提供的，应当承担不利后果。

4. 在劳动合同（劳动关系）争议案件中，主张劳动合同（劳动关系）成立并生效的一方当事人，对劳动合同（劳动关系）成立和生效的事实承担举证责任。

主张劳动合同（劳动关系）变更、解除、终止、撤销的一方当事人，对引起劳动合同（劳动关系）变动的事实承担举证责任。

5. 因用人单位作出解除劳动合同（劳动关系）、减少劳动报酬、计算劳动者工作年限等决定而发生争议的，由用人单位对决定所依据的事实和处理依据承担举证责任。

二、证据要求

1. 当事人向本委提供证据，应当提供证据原件及与原件核对无异的复印件，当事人提供视听资料证据的，应当提交两份拷贝件（光盘）和两份完整的书面对话记录。

2. 当事人应当对提供的证据逐一分类编号，并填写《证据材料清单》，证据原件和复印件经本委核对后，原件退还当事人，复印件由本委留存。《证据材料清单》及证据复印件一式两份（对方为共同当事人时，应一式三份），一律使用 A4 型纸复印。

3. 外文书证或外文说明资料作为证据的，应当附有中文译本，中文译本应是由有关机构认可的有翻译资质的单位翻译的。

4. 当事人向本委提供的证据系在中华人民共和国领域外形成的，该证据应当经所在国公证机关予以证明，并经中华人民共和国驻该国使领馆予以认证，或履行中华人民共和国与该所在国订立的有关条约中规定的证明手续。

5. 一方当事人对另一方当事人提交的证据材料的真实性持有异议的，可申请鉴定。当事人申请鉴定，应当在本委指定的期限内申明。鉴定机构由双方当事人约定，无法达成约定的，由仲裁庭指定。对需要鉴定的事项负有举证责任的当事人，在本委指定的期限内无正当理由不提出鉴定申请或未提供相关材料，致使对案件争议的事实无法通过鉴定结论予以认定的，应当对该事实承担举证不能的法律后果。

6. 当事人申请证人出庭作证的，应当在举证期限届满5日前提出，并在提交证据时提交证人证言，并经仲裁委认可。当事人提供证人证言的，除法律、司法解释规定的特殊情况外，证人应当亲自到庭作证接受询问。

仲裁员和当事人可对证人进行询问。证人不得旁听仲裁庭审理。询问证人时，其他证人不得在场。仲裁庭认为有必要的，可让证人互相进行对质。

三、举证期限

举证期限由本委根据案件情况指定，自当事人收到案件受理通知书或立案通知书之日起计算。

当事人应当在举证期限内向本委提交证据材料，当事人在举证期限内不提交的，则视为放弃举证权利。

对于当事人逾期提交的证据材料，本委审理时不组织质证，但对方当事人同意质证的除外。

四、交换证据

本委可以组织当事人在开庭审理前交换证据，交换证据须由当事人本人或委托代理人进行。交换证据的时间可由当事人协商一致并经本委认可，也可由本委指定。

五、补充证据

仲裁庭视案情允许当事人补充证据的，应当在仲裁庭规定的时间内补证，如果在规定的时间内不能补证的，应当承担举证不能的法律后果。

关于证据材料目录参考范例如下：

《×× 市 ×× 区劳动人事争议仲裁委员会证据材料目录》范本

【填写要求】

1. 证据材料的名称应当明确、具体，内容过长的要使用明确、简洁、无歧

义的缩写；

2. 证据的种类分为当事人的陈述、书证、物证、视听资料、电子数据、证人证言、鉴定意见、勘验笔录；

3. 证据材料的排序和编号应当依照事实发展的自然顺序及事实、程序、法律依据的顺序进行，证明同一事实的证据材料应连续编号；

4. 所有证据材料均应编入目录，证据材料应当提交两份复印件，每份均须填写目录，同时提交人在开庭质证时应当携带原件以便于核对，证据材料中的书证应当提交 A4 型纸的复印件。本目录复印有效。

编号	证据材料名称	证据种类	证明对象（证据材料内容的说明）	页数

申诉人签名：　　　　被诉人签名：　　　　承办人签名：

三、调解

仲裁庭在查明事实的基础上，首先要做调解工作，努力促使双方当事人自愿达成协议。对达成协议的，仲裁庭还需制作仲裁调解书。

《劳动仲裁调解书》范本

劳仲案字〔　　〕第　　　号

申诉人：________________

委托代理人：________________

被诉人：________________

委托代理人：________________

申诉事由及请求的情况：

____

____

调解达成协议的内容：

____

____

申诉人：______________

被诉人：______________

仲裁员：______________

______劳动争议仲裁委员会

______年______月______日

四、裁决

经仲裁庭调解无效或仲裁调解书送达前当事人反悔，调解失败的，劳动争议的处理便进入裁决阶段。仲裁庭的裁决通过召开仲裁会议的形式作出。一般要经过庭审调查、双方辩论和陈述等过程，最后由仲裁员对争议事实进行充分协商，按照少数服从多数的原则作出裁决。仲裁庭作出裁决后应制作调解裁决书。当事人对裁决不服的，可在规定时间内向人民法院起诉。

关于答辩书参考范例如下：

《答辩书》范本

答辩人	单位		主管机关	
法人代表	姓名		性　　别	
	职务		年　　龄	
	单位住址		电　　话	
邮　　编			企业性质	

因__________________一案，提出答辩如下：

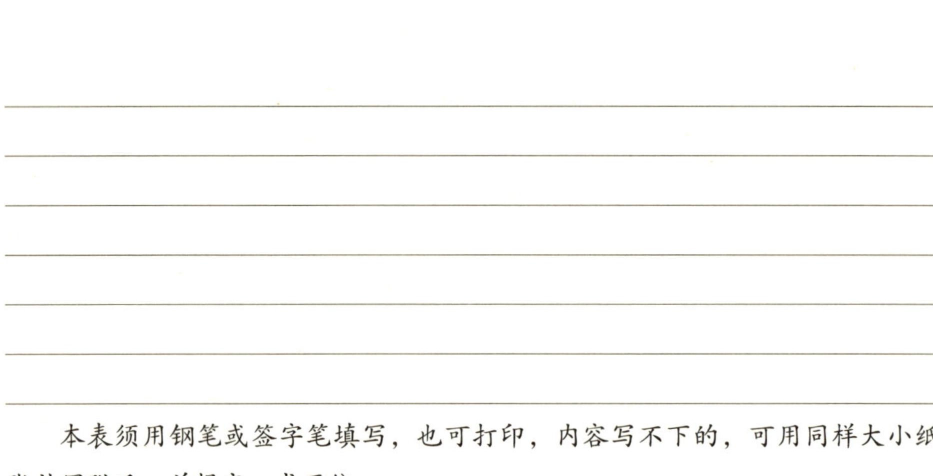

本表须用钢笔或签字笔填写，也可打印，内容写不下的，可用同样大小纸张补写附后，并提交一式两份。

五、调解或裁决的执行

仲裁调解书自送达当事人之日起生效；仲裁裁决书在法定起诉期满后生效。生效后的调解或裁决，当事人双方都应该自觉执行。

六、仲裁时效

（1）劳动争议申请仲裁的时效为一年，仲裁时效期间从当事人知道或应当知道其权利被侵害之日起计算；

（2）该仲裁时效可中止、中断；

（3）劳动关系存续期间因拖欠劳动报酬发生争议的，不受一年仲裁时效期间的限制；但是，劳动关系终止的，应当自劳动关系终止之日起一年内提出。

【经典案例 1】公司重组过程中员工劳动合同变更，用人单位以严重违纪为由辞退员工是否合法？

案例介绍

王某加入某互联网公司并签订了 3 年期劳动合同。后来公司与某集团公司进行了重组，王某的劳动合同由原互联网公司变更到此集团公司名下，在变更过程中签订了《劳动关系变更确认单》和新的《劳动合同书》。

后来公司人力资源部进行年度员工考勤稽查时，发现王某年度迟到次数共计 32 次，已经超过公司规章制度规定的 20 次，属于严重违纪行为。人力资源部通知王某已构成违纪，公司以此为由将王某辞退，限期办妥离职手续离开公司。

王某不服公司决定，认为考勤记录未经本人签字确认，否认该考勤记录，且公司重组之后，自己任职的是新公司，《劳动关系变更确认单》中已经明确写明“签订新的《劳动合同书》后，与原单位的劳动关系彻底解除，不存在任何遗留问题”，迟到次数不应连续计算，故向劳动仲裁机构提起仲裁，要求公司支付违法解除劳动合同赔偿金。

案例分析

仲裁庭裁决王某胜诉，理由为：

公司重组后与员工签订的《劳动关系变更确认单》，实际上属于劳动关系主体的变更，变更后即视为员工与某互联网公司的劳动关系彻底解除，并与某集团公司建立新的劳动关系，故考勤记录不应连续计算，公司的做法是不合法的。在此种情况下，王某入职某集团公司不足 1 年时间，按照转入后的时间计算迟到次数仅为 10 次，不构成严重违纪行为，公司属于违法解聘，因此支持王某主张的赔偿金。

17.3　劳动争议诉讼

劳动争议的诉讼是指劳动争议当事人不服劳动争议仲裁委员会的裁决，在规定的期限内向人民法院起诉，人民法院受理后，依法对劳动争议案件进行审理的活动。此外，劳动争议的诉讼还包括当事人一方不履行仲裁委员会已发生法律效力的裁决书或调解书，另一方当事人申请人民法院强制执行的活动。

劳动争议诉讼的受理范围如下：

1. 因确认劳动关系发生的争议；
2. 因订立、履行、变更、解除和终止劳动合同发生的争议；
3. 因除名、辞退和辞职、离职发生的争议；
4. 因工作时间、休息休假、社会保险、福利、培训及劳动保护发生的争议；
5. 因劳动报酬、工伤医疗费、经济补偿或赔偿金等发生的争议；
6. 劳动者以用人单位未为其办理社会保险手续，且社会保险经办机构不能

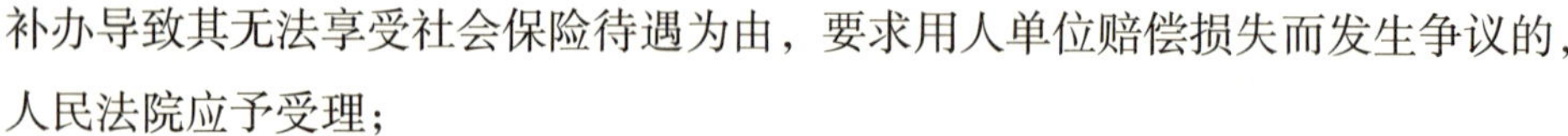

补办导致其无法享受社会保险待遇为由，要求用人单位赔偿损失而发生争议的，人民法院应予受理；

7. 劳动者与用人单位解除或终止劳动关系后，请求用人单位返还其收取的劳动合同定金、保证金、抵押金、抵押物产生的争议，或办理劳动者的人事档案、社会保险关系等移转手续产生的争议，经劳动争议仲裁委员会仲裁后，当事人依法起诉的，人民法院应予受理；

8. 因企业自主进行改制引发的争议，人民法院应予受理。

以下争议不属于劳动争议诉讼的受理范围：

1. 劳动者请求社会保险经办机构发放社会保险金的纠纷；

2. 劳动者与用人单位因住房制度改革产生的公有住房转让纠纷；

3. 劳动者对劳动能力鉴定委员会的伤残等级鉴定结论或者对职业病诊断鉴定委员会的职业病诊断鉴定结论的异议纠纷；

4. 家庭或者个人与家政服务人员之间的纠纷；

5. 个体工匠与帮工、学徒之间的纠纷；

6. 农村承包经营户与受雇人之间的纠纷。

【经典案例 2】员工被辞为何打了两场官司？

案例介绍

唐先生进入一家外企工作，工作地在上海。在进入公司前他曾两次赴美与公司的大老板协商工作待遇事宜，最终公司高层确认他的年薪为 30 万元，并口头承诺与其签订无固定期限劳动合同。回国后公司代表与唐先生签订了劳动合同，合同中明确了进入单位的时间、6 个月试用期及年薪待遇，但并未写明是无固定期限劳动合同。在唐先生工作了 5 个多月后，公司突然向他发来一份劳动合同终止通知，通知说公司与他签订的 6 个月试用期限的劳动合同即将到期，公司不需要其继续服务。

对于公司的做法唐先生表示实在无法接受，随即提出了劳动争议仲裁要求恢复劳动关系，但因对相关劳动法律了解不清，唐先生当时并未提出要求公司支付违法解除劳动合同期间工资的诉请。在未获得劳动仲裁支持后，唐先生诉至法院，并追加了要求单位支付违法解除劳动合同期间工资的诉请。后来一审法院经过审理，最终判决支持了唐先生要求恢复劳动关系的诉请，但对追加的工资诉请则认为没有经过仲裁前置程序而未予支持。法院认为，唐先生因判决产生的权利可以通过法律程序继续主张。对这样的判决结果，双方都没有上诉，在法院判决生效的次日，单位给唐先生发来了复岗通知书。

唐先生回公司上班的第一天就要求单位支付其违法解除劳动合同期间的工资，但公司认为法院并未判令公司承担此项义务，故拒不支付，并表示暂时难以安排原岗位，要求唐先生等待安排。对于公司的这种态度，唐先生当即表示由于公司存在长期拖欠工资的情况，不安排工作已违反《劳动法》，他要求单方解除劳动合同并要求公司支付拖欠的工资及经济补偿金。随即唐先生又提起第二次劳动争议仲裁。

本案的争议焦点为：

1. 公司与唐先生签订的合同是否为无固定期限劳动合同？

2. 公司是否需要支付唐先生第一次诉讼期间的工资？

案例分析

本案中第一次诉讼是涉及恢复劳动关系的争讼，但因当事人在劳动仲裁时遗漏诉请导致了第二次工资损失的争讼。虽然案件本身有些复杂，但主要的争议焦点在于公司与唐先生签订的是何种期限的劳动合同，如果是无固定期限的劳动合同，公司提出的劳动合同到期终止显然是违法解除的行为；反之如果确认只是签订了试用期劳动合同则可视为合法终止。

（1）关于劳动合同的期限问题

我国《劳动合同法》中列举了三种劳动合同的期限，即有固定期限、无固定期限和以完成一定的工作为期限。有固定期限劳动合同是指劳动合同生效、履行和解除的时间是当事人事先确定下来并且相对固定的劳动合同。对于有固定期限劳动合同，应当注意明确其起始时间和终止时间。无固定期限劳动合同是指解除时间不明确的劳动合同。无固定期限劳动合同首先是一种长期性的合同，但与原固定职工的“终身制”或所谓“铁饭碗”截然不同，只要出现法律规定或合同约定的解除或终止条件，劳动关系双方都可以解除或终止无固定期限劳动合同。

在人力管理实践中，签订无固定期限劳动合同一般会在劳动合同中注明“无固定期限”。本案例中用人单位正是以合同未注明“无固定期限”为由而提出终止劳动合同。但法院认为，劳动关系双方虽然未明示“无固定期限”，但从约定年薪的角度来看，用人单位签订劳动合同并非只想短期试用唐先生，因此推定双方的劳动合同应为无固定期限劳动合同。因此，用人单位解除劳动合同的行为是违法的，双方的劳动关系应当恢复。

（2）争讼期间的工资应当由用人单位支付

《上海市企业工资支付办法》第二十三条规定，企业解除劳动者的劳动合同，引起劳动争议，劳动人事争议仲裁部门或人民法院裁决撤销企业原决定，并且双方恢复劳动关系的，企业应当支付劳动者在调解、仲裁、诉讼期间的工资。其标准为企业解除劳动合同前 12 个月劳动者本人的月平均工资乘以停发月数。双方都有责任的，根据责任大小各自承担相应的责任。

本案是由用人单位的违法解除行为导致了唐先生的工资损失。因此，用人单位应当承担全部的责任。

第六篇

构建和谐劳动关系

18 第十八章 充分发扬民主——群策群力发挥集体智慧

- 职工代表大会的价值在哪?
- 如何充分发挥工会的价值?
- 如何来实施集体协商管理?

构建和谐的劳动关系是时代的潮流，其基础是企业有职工代表大会（或员工代表大会）制度，核心是任何纠纷都要充分的民主协商（友好协商），关键点是以人为本（企业和员工要换位思考）。

《劳动合同法》相关规定如下：

第五条 县级以上人民政府劳动行政部门会同工会和企业方面代表，建立健全协调劳动关系三方机制，共同研究解决有关劳动关系的重大问题。

第六条 工会应当帮助、指导劳动者与用人单位依法订立和履行劳动合同，并与用人单位建立集体协商机制，维护劳动者的合法权益。

18.1 职工代表大会

一、职工代表

职工代表是企业职工按照一定民主程序选举产生，代表广大职工参加企业职工代表大会、行使民主管理权利的职工。职工代表受职工群众的委托参加企业民主管理，行使民主权利，努力反映和表达职工群众的意愿和要求，并向职工群众传达、解释职工代表大会决议和决定，以实际行动带头认真贯彻落实职工代表大会的决议和决定。

职工代表的权利：

1. 在职工代表大会上，有选举权、被选举权、审议权和表决权；

2. 对涉及本单位发展和职工权益的重要事项有知情权、建议权、参与权和监督权；

3. 参加与职工代表履职相关的培训、检查等活动；

4. 因履职活动而占用生产、工作的时间，按照正常出勤享受应得的待遇。

职工代表的义务：

1. 学习、宣传有关法律法规和政策，提高自身素质，增强参与民主管理的能力，做好本职工作；

2. 联系选区职工，听取职工的意见和建议，表达职工的意愿和要求；

3. 执行职工代表大会决议，做好职工代表大会交办的各项工作；

4. 及时向选区职工通报参加职工代表大会活动和履行职责的情况，接受评议监督；

5. 模范遵守单位规章制度，保守商业秘密。

二、职工代表大会

《企业民主管理规定》第三条第一款对职工代表大会的性质作了明确规定："职工代表大会（或职工大会，下同）是职工行使民主管理权力的机构，是企业民主管理的基本形式。"这个规定表达了以下含义：

1. 职工代表大会是企业民主管理的基本形式。职工代表大会同企业民主管理的其他形式比较，具有代表性强、职责明确、组织健全、工作范围广泛、易于操作等特点，能够全面体现民主管理的基本要求，为广大职工所熟悉和接受。

2. 职工代表大会的主体是全体职工。顾名思义，职工代表大会是由全体职工选举的职工代表组成的。他们代表全体职工行使民主管理权力，表达全体职工的意志，体现大多数职工的利益。因此，职工代表大会实质上是以全体职工为主体的。

3. 职工代表大会是职工群众行使民主管理权力的机构。职工代表大会拥有对企业的重大决策进行审议、监督行政领导、维护职工合法权益的权力，因此，职工代表大会是一个可以在一定范围内作出决定的权力机构。

4. 职工代表大会不是企业管理的最高权力机构。职工代表大会行使的是民主管理权力。民主管理权力是有一定范围和限制的，权力大小有明确规定。

5. 职工代表大会不是决策的执行机构。职工代表大会通过的决议或作出的决定，由企业行政部门组织实施，职工代表大会负责进行监督和检查。

三、职工代表大会的主要程序

1. 大会执行主席核实出席大会的职工代表人数。到会职工代表超过代表总数的三分之二，即可宣布开会。开幕词应简要，讲清本次大会的目的、意义、中心议题和主要任务，此后宣布大会议程。应当注意会前应正式通知职工代表，企业行政方面应安排好生产、工作，保证职工代表的出席率。职工代表有特殊情况不能出席会议的，应向代表团（组）长请假。

2. 由企业领导人作工作报告。报告主要内容应包括生产经营管理情况、存在的问题及改进措施，企业发展计划、基本建设和重大技术改造方案，有关改善职工生活福利的情况等。如工作报告已事先发给代表进行过充分讨论，可针对职工代表提出的意见作出说明。

3. 由企业行政有关负责人作专题议案的报告。凡应提交职工代表大会审查或审议的方案，均应由行政有关负责人向大会报告，说明制定的依据、目的和具体实施办法，也可针对职工代表对议案的意见作出说明。

4. 由工会主席及职工代表大会专门小组负责人就上次职工代表大会决议落实情况、职工代表提案处理情况、集体合同执行情况等向大会作出报告。

5. 企业工会主席就职工代表大会闭会期间，职工代表团（组）长和专门小组负责人联席会议处理的重大事项，向大会作出说明，提请大会确认。

6. 以职工代表团（组）为单位，就以上报告、议案分组进行讨论。同时对大会的各项决议草案和需经大会选举的候选人进行商讨。大会主席团成员分别参加本代表团（组）的讨论。

7. 各代表团（组）应指定专人认真记录职工代表的讨论发言，整理归纳后，将讨论意见向主席团汇报。

8. 大会发言。应安排时间让职工代表在大会上发言，可由各代表团（组）推选代表，在大会上陈述本团（组）讨论审议的意见和建议，也可让职工代表自由发言。

9. 选举。根据有关决定和实际需要，选举参加董事会、监事会、劳动争议调解委员会的职工代表，参加工资协商的职工代表和企业领导人等；根据大会主席团的提名，表决通过职工代表大会专门小组的最佳人选；表决通过其他需经职工代表大会选举的人员。

10. 对有关的各项方案和大会决议、决定草案进行表决。

11. 致闭幕词，宣布大会结束。

实战经验分享

职工代表大会，有的企业称为员工代表大会，企业成立这样的组织是必要的，职工代表大会通过的各项管理制度是有效的，对全员具有约束力。

【范例】公司员工代表大会管理制度

第一章　总　则

一、为保障员工民主权利和公司正常经营活动，实现公司管理的民主化和科学化，维护员工合法权益，确保公司经营活动健康发展，特制定员工代表大会管理制度。

二、公司各级领导积极推动并健全员工代表大会制度，保障与发挥员工代表大会在维护员工权利和义务的作用，促进公司整体健康的发展。

三、员工代表大会履行民主集中的组织原则，对重大事项的决议和处理，须在民主的基础上实行集中。

第二章　职权与任务

一、员工代表大会的职权

1. 听取和讨论公司的发展和生产经营重大决策方案，并提出意见和建议；

2. 审议通过有关员工考勤管理、绩效考核管理、劳动纪律及主要规章制度等重大问题；

3. 对公司管理方案提出合理化建议。

二、员工代表大会的责任

1. 坚持社会主义核心价值观，对员工进行思想、纪律、职业道德和爱国主义教育；

2. 充分调动广大员工的积极性和创造力，为公司建立良好的竞争力打下坚实的基础；

3. 密切联系广大员工，维护员工合法权益，如实反映员工的意见和要求；

4. 不断提高员工代表的参与民主管理的能力和水平，为公司持续提供更高质量的合理化建议。

第三章　员工代表

一、员工代表的条件是：坚持社会主义核心价值观，爱岗敬业，作风正派，办事公道，富有团队精神，热爱公司、热爱集体，具有一定的参与民主管理的能力。

二、员工代表人数为公司员工总数的5%左右。员工代表的产生应当以部门为单位，由员工直接选举或集体提名讨论，意见一致后，通过《员工代表推荐表》进行推荐。

三、员工代表应来自公司各个部门。其中管理干部不超过员工代表总数的20%，女员工比例不低于20%。

四、员工代表实行常任制，职工代表任期与职工代表大会任期一致，可以连选连任，员工代表对本公司的员工负责，公司的员工有权监督或撤换本公司的员工代表。

五、员工代表的权利。

1. 在员工代表大会上，有选举权、被选举权和表决权；

2. 经员工代表大会常设主席团聘用，可参加员工代表大会常设机构各工作委员会工作，有权检查员工代表大会决议和提案落实情况；

3. 因参加员工代表大会组织的各项活动而占用生产或工作时间的，有权按照正常出勤享有应得的待遇；

4. 员工代表按规定行使民主管理权利，任何组织和个人不得压制、阻挠和打击报复。

六、员工代表的义务。

1. 密切联系群众，代表员工合法权益，如实反映员工的意见和要求，认真执行员工代表大会的决议，做好员工代表大会常设主席团交给的各项任务；

2. 模范遵守国家的法律、法规和公司的规章制度、劳动纪律，努力做好本职工作。

第四章　组织制度

一、员工代表大会每届任职五年，换届召开员工代表大会时，应选举员工代表大会常设主席团。

二、员工代表大会常设主席团 ×× 人，其中设执行主席 1 名，执行主席每年由员工代表投票后选举，最多连任 2 年。

员工代表大会常设主席团的主要任务是在员工代表大会召开期间，负责组织会议。员工代表大会常设主席团的主要职责包括：

1. 主持召开员工代表大会；

2. 审议通过大会议程；

3. 组织各代表审议列入大会议程的议案；

4. 研究大会议题中需要通过和决定的事项；

5. 主持选举；

6. 处理大会期间发生的其他问题。

三、员工代表大会召开时间。

1. 公司涉及所有员工切身利益的重大制度发布时；

2. 员工代表向常设主席团提议时，经常设主席团集体讨论确定召开的；

3. 公司领导向常设主席团提议，认为有必要召开的。

每次会议必须有 70% 以上的员工代表出席。如不能如期召开，则应事先征得员工代表大会常设主席团的同意。遇有重大问题，董事长、总经理或员工代表大会常设主席团、三分之一以上员工代表提议，可召开临时会议。

员工代表大会进行选举和作出决议，必须经与会代表 50% 以上通过方可有效。

公司发布和修改的各项制度，员工代表通过《员工代表民主评议表》进行评议，之后形成《公司制度民主评议报告》，员工代表支持率超过 50% 视同制度审议正式通过并且合法有效。

员工代表大会在其职权范围内决定的事项，不经员工代表大会同意不得修改。

四、员工代表大会根据公司中心工作和员工迫切关心的问题，确定会议的议题，并围绕议题进行提案征集和处理工作，做好大会要通过的决议和文件的起草、修改工作。

五、员工代表大会根据公司实际需要，设立若干个经常性或临时性的专门工作委员会或工作小组。

六、员工代表大会常设主席团要定期向员工代表大会报告工作，接受员工代表和全体员工的监督。

七、员工代表调离本公司或离职，其代表资格失效，每次员工代表大会召开前一个月需要重新检查并补充员工代表。员工代表大会常设主席团成员公司内调动，其代表资格及委员身份不变。

八、员工代表必须按时参加会议，如遇特殊情况不能参加会议时，应向员工代表大会常设主席团请假，员工代表连续请假两次不参加会议，可取消其代表资格，由所在部门补选缺额。

第五章 员工代表大会与董事长和总经理

一、员工代表大会应积极支持董事长和总经理依法行使职权，促进公司发展并实现经营目标。

二、董事长和总经理应支持员工代表大会的工作，实行民主管理，尊重员工的民主权利，认真听取员工的意见，努力改进工作。

第六章 附 则

本项管理制度经公司员工代表大会审议通过，自 ××××年××月××日起正式生效，本项管理制度最终解释权归常设主席团。

实战经验分享

职工代表大会具体规定必须经民主讨论，原则上实施方式不限，只要是大家集思广益确定的方式都具有法律效力。

关于《公司员工代表大会管理制度》实施过程中的配套表单如表 18-1 至表 18-4 所示：

表 18-1 员工代表推荐表

推荐主题			
所在中心		推荐部门	
推荐员工代表姓名		员工代表员工号	
组织推荐日期			

续表

员工代表责任规定	作为员工代表积极参与公司即将发布的各项管理制度民主评议，为公司健康发展建言献策，维护员工的合法权益	
部门员工签字确认	本人同意推举上述“员工代表”，本人授权并确认“员工代表在员工代表大会上的投票表决结果完全代表本人的意见”，本人同意并签字确认	
	员工姓名	员工工号

表 18-2　员工代表大会签到表

会议主题			
会议讲解人员			
会议召开日期	年　　月　　日		
会议召开地点			
员工代表姓名	所在部门	职务	签到时间

续表

表 18-3　员工代表民主评议表

员工代表姓名		所在中心	
所在部门		员工工号	
评议日期		评议时间	时　分到　时　分
制度编制部门		制度讲解人	
即将发布制度版本号			
评议须知	为了防止误解，请员工代表和制度讲解人现场作充分、坦诚的沟通		
评议内容	制度名称	概要说明	表决意见
			□同意 □保留意见
			□同意 □保留意见
			□同意 □保留意见
			□同意 □保留意见
			□同意 □保留意见
			□同意 □保留意见
			□同意 □保留意见
			□同意 □保留意见

续表

			□同意 □保留意见
			□同意 □保留意见
			□同意 □保留意见
			□同意 □保留意见
	制度发布过程是否透明和民主：□透明和民主　□持保留意见		
主要意见或建议	建议现场和制度讲解人作好充分沟通，之后如再有保留意见请在此阐述		
员工代表签字确认	员工代表（签字 / 日期）：		

【提示】表决意见选择“保留意见”的，会后需要通过书面形式将个人意见提交给常设主席团执行主席，由执行主席书面提交人力资源部统一沟通以达成一致意见。

表 18-4　员工代表民主评议报告

员工代表大会召开日期		召开地点	
参加人员			
会议组织部门	人力资源部		
评议日期		评议时间	时　分到　时　分
制度编制部门		制度讲解人	
制度所属公司			
即将发布制度版本号			
评议内容	制度名称	表决意见	
		（　）% 同意（　）% 保留意见	
		（　）% 同意（　）% 保留意见	
		（　）% 同意（　）% 保留意见	
		（　）% 同意（　）% 保留意见	
		（　）% 同意（　）% 保留意见	

续表

<table>
<tr><td rowspan="8"></td><td></td><td>（ ）% 同意（ ）% 保留意见</td></tr>
<tr><td></td><td>（ ）% 同意（ ）% 保留意见</td></tr>
<tr><td></td><td>（ ）% 同意（ ）% 保留意见</td></tr>
<tr><td></td><td>（ ）% 同意（ ）% 保留意见</td></tr>
<tr><td></td><td>（ ）% 同意（ ）% 保留意见</td></tr>
<tr><td></td><td>（ ）% 同意（ ）% 保留意见</td></tr>
<tr><td></td><td>（ ）% 同意（ ）% 保留意见</td></tr>
<tr><td colspan="2">制度发布过程是否透明和民主：□透明和民主 □持保留意见</td></tr>
<tr><td>员工代表民主评议结论</td><td colspan="2">□ 50% 以上（含）员工代表都同意的制度可直接发布
□低于 50% 的制度（名称）____________简单修改后可发布，主要修改建议（来自员工代表意见汇总）：
（1）____________
（2）____________
（3）____________
□不能发布的制度（名称）____________（来自员工代表意见汇总 / 需要再次组织评议）
（1）____________
（2）____________
（3）____________</td></tr>
<tr><td>人力资源部处理意见（承诺）</td><td colspan="2">主要问题（1）：____________
处理意见：____________
主要问题（2）：____________
处理意见：____________
主要问题（3）：____________
处理意见：____________
其他意见或建议：____________

人力资源部总监（签字 / 日期）：</td></tr>
<tr><td>员工代表大会推举执行主席</td><td colspan="2">• 和人力资源部是否达成一致意见：
□全部达成一致意见 □部分达成一致意见 □否
• 其他意见或建议：

常设主席团执行主席（签字 / 日期）：</td></tr>
</table>

【备注】员工代表推举的常设主席团执行主席签字同意后方可确定是否发布。

18.2 工会

工会又称劳工总会、工人联合会。工会原意是指基于共同利益而自发组织的社会团体。这个共同利益团体诸如为同一雇主工作的员工，在某一产业领域的个人。工会组织成立的主要意图，是为了与雇主谈判工资薪水、工作时限和工作条件等。

为了保证组建工会的顺利进行，《中华人民共和国工会法》（以下简称《工会法》）第十一条规定，“用人单位有会员二十五人以上的，应当建立基层工会委员会；不足二十五人的，可以单独建立基层工会委员会，也可以由两个以上单位的会员联合建立基层工会委员会……”针对一些外商投资企业、私营企业和乡镇集体企业工会组建工作存在阻力、进展缓慢、覆盖偏低的状况，《工会法》第十二条第二款规定：“上级工会可以派员帮助和指导企业职工组建工会，任何单位和个人不得阻挠。”通过上级工会的指导和帮助，加强基层工会建设。对阻挠职工依法参加工会和阻挠上级工会帮助、指导职工筹建工会的行为，《工会法》规定应当依法追究其法律责任。

建立工会组织的程序：

1. 提出请示报告

向上一级工会以书面形式提出建立工会组织的请示报告。在报告中应说明以下几项内容：

（1）本基层单位的基本情况（企业成立时间、性质、职工人数、注册资本、流动资本、生产经营项目、党政领导人的配备等）。

（2）群众对于组建工作的意愿：召开由本单位各层次的职工群众参加的组建工会的座谈会，广泛征求意见，说明组建工会是广大职工群众的意愿。

（3）党政领导对本单位组建工会的意见。组建工会应征求党政领导的意见，党政领导应依法给予支持。

2. 成立建会筹备组

上一级工会对《建立工会请示报告》批复后，应立即成立建会筹备组（3—5 人），具体负责筹备期间的工作，在工会委员会选举产生之前暂时代行工会委员会职责。筹备组成员原来不是会员的，要先向上级工会申请入会，办理入会手续。

3. 发展会员

发展会员时，要注意广泛宣传工会组织的性质、作用、任务以及会员的权利、义务，使新会员对工会组织有个初步认识。

4. 建立工会小组

会员发展后，可根据基层单位会员人数的多少，成立工会小组。

5. 召开会员大会

在各项筹备工作准备就绪后，筹备组要积极准备召开基层委员代表大会或会员大会，按照民主程序选举产生首届工会委员会和经费审查委员会。

6. 履行报批手续

召开会员代表大会或会员大会前，要向上一级工会和主管部门协商工会委员会和经费审查委员会的组成及工会正 / 副主席、经费审查委员会正 / 副主任候选人名单；会员代表大会召开后，对整个大会召开情况和选举产生的基层工会主席、副主席以及经费审查委员会主任、副主任名单，要及时呈报上一级工会批复，若选举结果与候选人名单不一致，应以选举结果为准。

7. 建立女职工委员会

工会委员会产生后，应根据女职工人数的多少及时建立女职工委员会，以维护女职工特殊权益。

实战经验分享

工会一般是职工代表大会的下设机构，所以有条件的还是要成立职工代表大会。

18.3　集体协商管理

集体协商机制，是工会作为职工方代表与企业方就涉及职工权利的事项，为达到一致意见而建立的沟通和协商解决机制。

建立集体协商机制，可以维护用人单位职工具体的权利。它的层面比三方机制要低，主要是由企业工会与用人单位建立。当然，也不排除地方总工会与用人单位之间建立集体协商机制。《工会法》第六条第二款规定，工会通过平等协商和集体合同制度，推动健全劳动关系协调机制，维护职工劳动权益，构建和谐劳动关系。集体协商的内容包括职工的民主管理；签订集体合同和监督集体合同的履行；涉及职工权利的规章制度的制定、修改；企业职工的劳动报酬、工作时间和休息休假、保险相关信息。企业工会与用人单位建立集体协商机制，定期或不定期地就上述事项进行平等协商，经协商达成一致意见的，工会一方应当向职工传达，要求职工遵守执行，企业方也应当按照协商结果执行。

19 第十九章 构建和谐劳动关系——管理底线和智慧

- 不能触碰的法律底线都有哪些?
- 友好协商的管理技巧都有哪些?
- 为何好聚好散而不是人走茶凉?
- 对雇主品牌为何千万不要轻视?
- 和谐劳动关系如何从点滴做起?

19.1 绝对不能触碰的法律底线

面对人力资源管理中的千头万绪，如何才能真正做好人力资源管理，这是“仁者见仁，智者见智”的事情，世界上还没有一个成熟的公式可以参考，也没有固定不变的模式可以借鉴。

作为从业多年的老 HRD（人力资源总监），笔者想要说的一点是，在企业做人力资源绝对不能突破法律的底线，国家法律法规这条底线更是人力资源管理者专业化和职业化的底线。

在不突破法律底线的基础上，人力资源管理如何做到简单高效，这是 HR 管理者必须认真研究的核心问题。

人力资源的职业化和专业化体现在做事规范、做事职业和做事专业上，特别是在人力资源招聘、绩效、薪酬、员工劳动关系和培训等方面，每个模块都内含相关法律法规的嵌入，这些法律法规是人力资源管理不能突破的红线，一旦突破这个红线，企业的利益必然受到损失，严重者会承担巨大的经济赔偿责任。

在人力资源管理实践中，想要做好人力资源，必须精通人力资源核心业务，人力资源管理者需要精通的法律知识诸如《劳动合同法》《社会保险法》《劳动争议调解仲裁法》等，这些基础知识是人力资源从业者必须认真学习的。在实际工作中要善于研究人力资源管理最新资讯、最新管理方式。

人力资源管理者有责任、有义务为企业的管理者包括最高管理层提供人力资源管理方面的咨询和指导，帮助管理者在最短的时间里掌握人力资源管理的理念、方法和技巧，帮助管理者提高理论修养和实际操作能力。特别是专业的法律问题，作为 HR 应认真研究，在企业管理者作出随意性的决定时，能够站在法律的高度向企业管理者预警人力管理风险，相信任何明智的企业管理者都会被这种专业化和职业化精神所打动。

HR 管理者要想做好人力资源管理，还必须具有良好沟通能力。作为人力资源从业者，在日常工作中必须具有良好的沟通能力，才能达到管理的目的。

此外，HR 管理者要想全面做好人力资源管理还需具备驾驭复杂矛盾的能力，善于处理员工与公司的矛盾及各种劳动关系纠纷问题，能妥善处理好各种新旧矛盾，善于平衡各种处理方式的利弊，为公司领导提供最佳解决方案。

在日常管理中，各位读者要善于把这些法律法规的关键规定付诸企业的各项管理规章制度中，做好宣贯和实施，同时在人力资源管理岗位中做到学以致用，切实维护好企业的根本利益，真正体现出 HR 的专业化管理价值。

19.2 争议友好协商的管理技巧

前文说过，构建和谐的劳动关系是时代的潮流，其基础是企业有职工代表大会（或员工代表大会）制度，核心是任何纠纷都要经过充分的民主协商（友好协商），关键点是以人为本（企业和员工要换位思考），这是企业构建和谐劳动关系的根本。

1. 企业在面对员工各种合理诉求时也要站在员工的角度思考：

- 员工为什么对争议不依不饶？
- 员工的心结是什么？
- 员工合理的诉求有哪些？
- 对员工不合理的诉求企业是否充分沟通过？

如果企业只站在自己的角度思考问题（甚至采用一些不正当的手段处理问

题），员工和企业的纠纷必然会激化，甚至迫使员工走上仲裁的道路。

2. 作为员工也要设身处地为企业着想，关键思考点包括：

- 企业的说法有法律依据吗？
- 自己是否认真研究过国家法律法规？
- 自己是否有点得理不饶人？
- 是否请教过专业律师意见？
- 企业的难处是否应该体谅？

换位思考是双方协商并取得共识的基础。

19.3 好聚好散而不是人走茶凉

员工离职是企业老板、HR 不愿碰到的情况，因为员工的离职不仅会让用人单位的劳动权益受到侵犯，还会给企业造成因离职交接而带来的一系列问题，如影响企业生产经营的正常运行、因部分离职员工的不良行为对企业造成的直接侵害等。因此，为了最大限度地减少员工离职给企业带来的不良影响，做好员工离职交接工作是企业 HR 应该要重视的问题。

企业各级管理者对于员工离职要及时反省和总结，如果离职是因为企业给的待遇不够且企业无法支付更高薪酬，这种情形无能为力；如果员工离职是受委屈了，就要从内部管理方面、用人方面进行反思。

员工离职，原因是多方面的，如企业的领导干部是否善于团结员工？是否会激励员工？领导干部是否让员工心服口服？

员工离职了，企业要做的是总结和反思，俗话说“没有无能的员工，只有无能的领导”，特别是有的企业领导干部带不好队伍还占着重要领导位置导致人心涣散，这种情况下企业要果断换掉这些不能胜任的干部。如果团队管理能力弱则要加强干部队伍培训。

离职员工也是企业的宝贵财富，关键是企业把离职员工当仇人来看还是当朋友来看：很多员工离职时不喜欢告诉企业其离职的真实原因，这种情况下有一个好的做法便是举办“欢送宴”，在这种氛围下很多人会说实话。

与离职后的员工保持良好的人脉关系，建立离职员工关系网，对企业来说也是一笔宝贵财富。

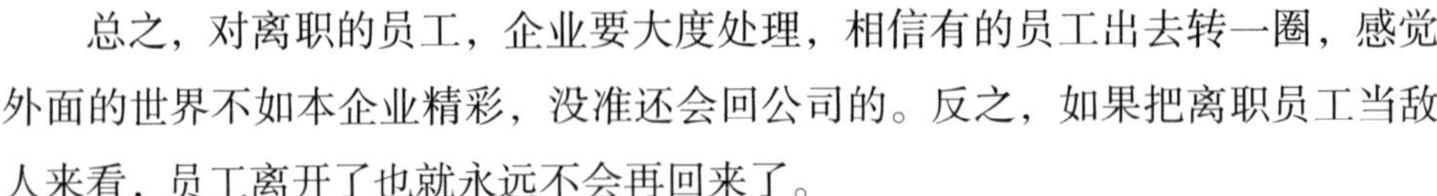

总之，对离职的员工，企业要大度处理，相信有的员工出去转一圈，感觉外面的世界不如本企业精彩，没准还会回公司的。反之，如果把离职员工当敌人来看，员工离开了也就永远不会再回来了。

19.4　千万不要轻视雇主品牌

俗话说“人的名树的影”，对于企业而言，对外的社会形象非常重要。

在人才竞争日益白热化的大环境下，很多企业越来越注重品牌建设，其中雇主品牌已成为企业新的竞争力。当企业拥有最佳雇主品牌时就能有效降低招聘成本，并能提高企业美誉度和知名度，最终使企业的各个方面都能持续健康发展。

近年来，由不同机构组织的“年度最佳雇主”评选也越来越多，无论企业是否参与这个活动，深刻理解雇主品牌建设的价值，对于企业招聘管理都是必修课。

雇主品牌是企业在其现有雇员和潜在雇员心中的形象。

雇主品牌就是在人力资源市场上享有较高乃至很高的知名度、美誉度、忠诚度的企业品牌。它使潜在雇员愿意来企业工作，使现有雇员愿意留在企业工作，是人们心目中的最佳工作地。雇主品牌在人力资源市场上的定位主要包含两部分，即外部品牌和内部品牌。外部品牌是指在潜在的雇员中树立品牌，使他们愿意到企业工作，为企业树立最佳工作地的形象；内部品牌是在现有的雇员中树立品牌。它是企业对雇员作出的某种承诺，代表了企业和雇员之间的关系及企业为现有雇员和潜在雇员提供的工作经历。

雇主品牌与产品品牌、企业形象品牌的关系：

- 产品品牌针对的是目标消费群，品牌的核心是基于产品或服务之上的品牌形象；
- 企业品牌形象则针对更广阔的目标群体，包括消费者、雇员、股东和社会公众，品牌核心基础是以企业为实体的社会公众形象；
- 雇主品牌针对的是企业的目标人才，包括企业内部员工和企业外部人才市场的潜在员工，品牌的核心是人才。

卓越的雇主形象和优秀的产品品牌、企业形象品牌一样，能为企业带来直接或间接的经济回报，核心价值主要在于以下几点：

一、企业人才竞争优势的基石

雇主品牌是雇主与雇员之间情感关系的体现，决定了雇员在企业中的工作满意度、文化认同感和工作责任感，从而影响企业人才招聘的号召力和招聘质量。具有优秀雇主品牌的企业进行招聘会很容易，反之，雇主品牌较差的企业在人才竞争中会逐渐失去优势。

二、企业人才库的蓄水池

雇主品牌将会成为人力资源市场上一面光辉的旗帜，吸引优秀人才前来应聘加盟，企业的人才库中英才济济，成为人才的蓄水池，为企业人才库建设提供源源不竭的人才来源。

三、吸引和留住核心员工

雇主品牌建设的过程中，涉及品牌定位、与其他雇主品牌对比，品牌的标杆作用使得企业不断向市场上的最佳雇主学习、效仿，保持在人力资源市场上的品牌形象。这种标杆学习也推进了企业对核心员工激励和保留措施的更新和完善，品牌建设的过程是由内而外的，但是品牌标杆由外而内地促进了企业雇佣双方情感关系的加深。

四、人力管理成本优势

雇主品牌建设需要企业投入大量的人力和财力，但是这种投入也能够在其他方面给企业带来成本优势。比如，招聘成本支出减少、人才队伍更加稳定以及人才的重置成本降低、薪酬成本的压力减少。声名在外的雇主品牌，可以作为求职人才选择的尺度，促使其在选择时心理上更加倾向于品牌雇主。此外，核心人才挽留成本也具有相当大的优势。

五、对企业品牌的影响

雇主品牌能够增加企业品牌的无形资产，雇主品牌作为企业品牌的一部分，很多求职者往往也是雇主产品的消费者，雇主品牌效应在人力资源市场乃至产

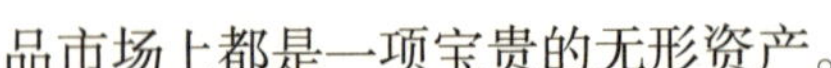

品市场上都是一项宝贵的无形资产。

如何做好优秀雇主品牌建设，我们概要阐述如下：

管理机制：对员工的尊重、践行对员工的承诺、公平公正的用人机制；

薪酬福利：有竞争力的薪酬、完善的福利待遇、良好的收入保障；

培训发展：提升个人核心能力的机会、系统的培训体系；

职业发展：广阔的职位晋升空间；

工作环境：提供舒适、人性化的工作环境；

激励体系：通过有效的认可和激励机制，帮助员工提高绩效，激励员工对工作结果更负责；积极认可他们的成就，并且让他们的贡献得到企业最及时的表彰和奖励；

人际关系：企业内部拥有良好的人际关系，上级与员工建立坦率且有效的沟通机制；

雇主品牌形象：企业良好的发展前景、高度重视企业社会责任、成功的市场地位；

雇主品牌战略：塑造雇主品牌意识、打造卓越雇主品牌的措施、积极推动雇主品牌传播。

优秀的雇主品牌最终体现在企业对人才的吸引和保留能力上。

企业要做好雇主品牌建设，最关键的是要把控好实施策略：

（1）强化雇主品牌运营思维。

雇主品牌的载体是人力资源管理过程，因为企业与雇员的良好关系是通过人力资源管理过程的顺畅进行来体现的，因此企业人力资源管理的一切工作都要以创立雇主品牌为思考的出发点。

企业从人力资源规划、招聘、甄选、任用、培训、考核、薪酬体系到有效激励，都要以创立雇主品牌为中心，要把是否有利于创立、发展、维护雇主品牌作为衡量人力资源管理工作绩效的重要标准。

（2）坚守对雇员的承诺。

市场经济是信用经济，信用是雇主品牌的生命，信守承诺是决定企业雇主品牌成功与否的关键。企业作为雇主一定要做到言出必行、言而有信，从企业的高层领导开始就要率先垂范，信守对每一个雇员的承诺。

企业的各级管理者必须在人力资源管理的全过程履行对雇员的承诺，甚至力争向雇员提供承诺以外的利益，赢得雇员的信任与忠诚。

企业缺乏诚信，最终损害的是企业自身。

（3）努力改善劳动关系。

改善劳动关系对树立良好的雇主品牌有着极为重要的作用，企业是社会的重要组成部分，改善劳动关系，及时有效缓和快速化解劳动关系矛盾，既是构建和谐社会的要求，也是企业持续健康发展的需要。

雇主品牌是员工可以感知并被广泛传播的一种情感关系，这种良好的员工关系是一种特殊类型的忠诚和信任关系。这种关系的建立除了要求雇主在管理制度、薪酬福利、工作环境、培训提拔等多方面的努力以外，一种稳定的心理契约关系更有利于这种情感关系的建立。

（4）企业文化建设。

雇主品牌需深植于企业文化当中，员工才能时时刻刻感受到雇主品牌的影响力。

企业只有建设好符合自身特色的核心价值观、经营理念，并且把这些核心价值观和经营理念逐步融入员工日常工作和言行中，才能增加员工的认可度和忠诚度。

（5）坚持做好雇主品牌推广。

雇主品牌的沟通过程类似产品品牌营销，事实上很多内部员工都是企业最佳的代言人。

很多在校园招聘中享有盛誉的雇主，都会选择让员工成为雇主品牌的代言人，让潜在的雇员认识到雇主带来的独特工作体验。

（6）坚持企业内部共同推动的策略。

成功实施雇主品牌，一个关键的环节是不同的部门要紧密合作，扮演好各自的角色，从而共同推动品牌建设。

- 高管人员：负责制定企业发展战略、企业核心价值观和使命，树立榜样并积极扮演好品牌大使的角色；
- 人力资源部：负责识别核心人才的驱动因素，建设可以推动雇主品牌的人力资源流程、制度、架构和激励体系；
- 市场部：使雇主品牌和产品品牌价值协调一致，并向内部和外部沟通品牌价值；

- 各业务单元：确保业务目标、方向、下属员工行为与企业价值观和雇主品牌一致；
- 雇员：在工作中理解、执行并向潜在雇员宣传品牌含义。

良好的员工关系处理是企业文化的一面，也是企业形象的重要一面。和谐的员工关系是润滑剂，它能激励员工的工作热情，减轻工作压力，有利于员工之间的沟通，也有利于培养员工的团队意识。企业应根据自身的实际状况，重视员工关系的处理并建立有效的运作机制。

19.5 和谐劳动关系从点滴做起

作为企业 HR 从业者，必须站在建设和谐社会的高度，推动建设和谐的劳动关系。所有 HR 和企业管理者都应该认识到，建设和谐的劳动关系是推动企业建立和谐的企业文化环境的关键。

“双赢互利”和“换位思考”不仅适用于企业和外部客户的合作，也适用于内部客户，即企业的员工。

企业如何从点滴之处做起呢？要从每件争议的处理做起：

- 善于从法律高度说服员工而不是嘲讽员工不懂劳动法；
- 善于回应员工合理要求而不是漠视员工合理主张；
- 善于尊重并引导员工而不是侮辱和羞辱员工；
- 善于同员工沟通而不是打冷战；
- 善于平衡问题而不是激化矛盾；
- 善于内部协商而不是仲裁解决；
- 善于积极推进问题解决而不是逃避争议；
- 善于做适当让步而不是咄咄逼人；
- 善于平衡企业和个人利益而不是追捧企业利益至高无上；
- 善于营造良好沟通氛围而不是拿员工不当人！

……

和谐劳动关系，从善待员工开始，从点滴做起！

附录

中华人民共和国劳动合同法

（2007年6月29日第十届全国人民代表大会常务委员会第二十八次会议通过　根据2012年12月28日第十一届全国人民代表大会常务委员会第三十次会议《关于修改〈中华人民共和国劳动合同法〉的决定》修正　主席令第73号）

第一章　总则

第一条　【立法宗旨】为了完善劳动合同制度，明确劳动合同双方当事人的权利和义务，保护劳动者的合法权益，构建和发展和谐稳定的劳动关系，制定本法。

第二条　【适用范围】中华人民共和国境内的企业、个体经济组织、民办非企业单位等组织（以下称用人单位）与劳动者建立劳动关系，订立、履行、变更、解除或者终止劳动合同，适用本法。

国家机关、事业单位、社会团体和与其建立劳动关系的劳动者，订立、履行、变更、解除或者终止劳动合同，依照本法执行。

第三条　【基本原则】订立劳动合同，应当遵循合法、公平、平等自愿、协商一致、诚实信用的原则。

依法订立的劳动合同具有约束力，用人单位与劳动者应当履行劳动合同约定的义务。

第四条　【规章制度】用人单位应当依法建立和完善劳动规章制度，保障劳动者享有劳动权利、履行劳动义务。

用人单位在制定、修改或者决定有关劳动报酬、工作时间、休息休假、劳动安全卫生、保险福利、职工培训、劳动纪律以及劳动定额管理等直接涉及劳动者切身利益的规章制度或者重大事项时，应当经职工代表大会或者全体职工讨论，提出方案和意见，与工会或者职工代表平等协商确定。

在规章制度和重大事项决定实施过程中，工会或者职工认为不适当的，有权向用人单位提出，通过协商予以修改完善。

用人单位应当将直接涉及劳动者切身利益的规章制度和重大事项决定公示，或者告知劳动者。

第五条 【协调劳动关系三方机制】县级以上人民政府劳动行政部门会同工会和企业方面代表，建立健全协调劳动关系三方机制，共同研究解决有关劳动关系的重大问题。

第六条 【集体协商机制】工会应当帮助、指导劳动者与用人单位依法订立和履行劳动合同，并与用人单位建立集体协商机制，维护劳动者的合法权益。

第二章　劳动合同的订立

第七条 【劳动关系的建立】用人单位自用工之日起即与劳动者建立劳动关系。用人单位应当建立职工名册备查。

第八条 【用人单位的告知义务和劳动者的说明义务】用人单位招用劳动者时，应当如实告知劳动者工作内容、工作条件、工作地点、职业危害、安全生产状况、劳动报酬，以及劳动者要求了解的其他情况；用人单位有权了解劳动者与劳动合同直接相关的基本情况，劳动者应当如实说明。

第九条 【用人单位不得扣押劳动者证件和要求提供担保】用人单位招用劳动者，不得扣押劳动者的居民身份证和其他证件，不得要求劳动者提供担保或者以其他名义向劳动者收取财物。

第十条 【订立书面劳动合同】建立劳动关系，应当订立书面劳动合同。

已建立劳动关系，未同时订立书面劳动合同的，应当自用工之日起一个月内订立书面劳动合同。

用人单位与劳动者在用工前订立劳动合同的，劳动关系自用工之日起建立。

第十一条 【未订立书面劳动合同时劳动报酬不明确的解决】用人单位未在用工的同时订立书面劳动合同，与劳动者约定的劳动报酬不明确的，新招用的劳动者的劳动报酬按照集体合同规定的标准执行；没有集体合同或者集体合同未规定的，实行同工同酬。

第十二条 【劳动合同的种类】劳动合同分为固定期限劳动合同、无固定期限劳动合同和以完成一定工作任务为期限的劳动合同。

第十三条 【固定期限劳动合同】固定期限劳动合同，是指用人单位与劳动者约定合同终止时间的劳动合同。

用人单位与劳动者协商一致，可以订立固定期限劳动合同。

第十四条 【无固定期限劳动合同】无固定期限劳动合同，是指用人单位与劳动者约定无确定终止时间的劳动合同。

用人单位与劳动者协商一致，可以订立无固定期限劳动合同。有下列情形之一，劳动者提出或者同意续订、订立劳动合同的，除劳动者提出订立固定期限劳动合同外，应当订立无固定期限劳动合同：

（一）劳动者在该用人单位连续工作满十年的；

（二）用人单位初次实行劳动合同制度或者国有企业改制重新订立劳动合同时，劳动者在该用人单位连续工作满十年且距法定退休年龄不足十年的；

（三）连续订立二次固定期限劳动合同，且劳动者没有本法第三十九条和第四十条第一项、第二项规定的情形，续订劳动合同的。

用人单位自用工之日起满一年不与劳动者订立书面劳动合同的，视为用人单位与劳动者已订立无固定期限劳动合同。

第十五条 【以完成一定工作任务为期限的劳动合同】以完成一定工作任务为期限的劳动合同，是指用人单位与劳动者约定以某项工作的完成为合同期限的劳动合同。

用人单位与劳动者协商一致，可以订立以完成一定工作任务为期限的劳动合同。

第十六条 【劳动合同的生效】劳动合同由用人单位与劳动者协商一致，并经用人单位与劳动者在劳动合同文本上签字或者盖章生效。

劳动合同文本由用人单位和劳动者各执一份。

第十七条 【劳动合同的内容】劳动合同应当具备以下条款：

（一）用人单位的名称、住所和法定代表人或者主要负责人；

（二）劳动者的姓名、住址和居民身份证或者其他有效身份证件号码；

（三）劳动合同期限；

（四）工作内容和工作地点；

（五）工作时间和休息休假；

（六）劳动报酬；

（七）社会保险；

（八）劳动保护、劳动条件和职业危害防护；

（九）法律、法规规定应当纳入劳动合同的其他事项。

劳动合同除前款规定的必备条款外，用人单位与劳动者可以约定试用期、培训、保守秘密、补充保险和福利待遇等其他事项。

第十八条 【劳动合同对劳动报酬和劳动条件约定不明确的解决】劳动合同对劳动报酬和劳动条件等标准约定不明确，引发争议的，用人单位与劳动者可以重新协商；协商不成的，适用集体合同规定；没有集体合同或者集体合同未规定劳动报酬的，实行同工同酬；没有集体合同或者集体合同未规定劳动条件等标准的，适用国家有关规定。

第十九条 【试用期】劳动合同期限三个月以上不满一年的，试用期不得超过一个月；劳动合同期限一年以上不满三年的，试用期不得超过二个月；三年以上固定期限和无固定期限的劳动合同，试用期不得超过六个月。

同一用人单位与同一劳动者只能约定一次试用期。

以完成一定工作任务为期限的劳动合同或者劳动合同期限不满三个月的，不得约定试用期。

试用期包含在劳动合同期限内。劳动合同仅约定试用期的，试用期不成立，该期限为劳动合同期限。

第二十条 【试用期工资】劳动者在试用期的工资不得低于本单位相同岗位最低档工资或者劳动合同约定工资的百分之八十，并不得低于用人单位所在地的最低工资标准。

第二十一条 【试用期内解除劳动合同】在试用期中，除劳动者有本法第三十九条和第四十条第一项、第二项规定的情形外，用人单位不得解除劳动合同。用人单位在试用期解除劳动合同的，应当向劳动者说明理由。

第二十二条 【服务期】用人单位为劳动者提供专项培训费用，对其进行专业技术培训的，可以与该劳动者订立协议，约定服务期。

劳动者违反服务期约定的，应当按照约定向用人单位支付违约金。违约金的数额不得超过用人单位提供的培训费用。用人单位要求劳动者支付的违约金不得超过服务期尚未履行部分所应分摊的培训费用。

用人单位与劳动者约定服务期的，不影响按照正常的工资调整机制提高劳动者在服务期期间的劳动报酬。

第二十三条 【保密义务和竞业限制】用人单位与劳动者可以在劳动合同中约定保守用人单位的商业秘密和与知识产权相关的保密事项。

对负有保密义务的劳动者，用人单位可以在劳动合同或者保密协议中与劳动者约定竞业限制条款，并约定在解除或者终止劳动合同后，在竞业限制期限内按月给予劳动者经济补偿。劳动者违反竞业限制约定的，应当按照约定向用人单位支付违约金。

第二十四条 【竞业限制的范围和期限】竞业限制的人员限于用人单位的高级管理人员、高级技术人员和其他负有保密义务的人员。竞业限制的范围、地域、期限由用人单位与劳动者约定，竞业限制的约定不得违反法律、法规的规定。

在解除或者终止劳动合同后，前款规定的人员到与本单位生产或者经营同类产品、从事同类业务的有竞争关系的其他用人单位，或者自己开业生产或者经营同类产品、从事同类业务的竞业限制期限，不得超过二年。

第二十五条 【违约金】除本法第二十二条和第二十三条规定的情形外，用人单位不得与劳动者约定由劳动者承担违约金。

第二十六条 【劳动合同的无效】下列劳动合同无效或者部分无效：

（一）以欺诈、胁迫的手段或者乘人之危，使对方在违背真实意思的情况下订立或者变更劳动合同的；

（二）用人单位免除自己的法定责任、排除劳动者权利的；

（三）违反法律、行政法规强制性规定的。

对劳动合同的无效或者部分无效有争议的，由劳动争议仲裁机构或者人民法院确认。

第二十七条 【劳动合同部分无效】劳动合同部分无效，不影响其他部分效力的，其他部分仍然有效。

第二十八条 【劳动合同无效后劳动报酬的支付】劳动合同被确认无效，劳动者已付出劳动的，用人单位应当向劳动者支付劳动报酬。劳动报酬的数额，参照本单位相同或者相近岗位劳动者的劳动报酬确定。

第三章　劳动合同的履行和变更

第二十九条【劳动合同的履行】用人单位与劳动者应当按照劳动合同的约定，全面履行各自的义务。

第三十条【劳动报酬】用人单位应当按照劳动合同约定和国家规定，向劳动者及时足额支付劳动报酬。

用人单位拖欠或者未足额支付劳动报酬的，劳动者可以依法向当地人民法院申请支付令，人民法院应当依法发出支付令。

第三十一条【加班】用人单位应当严格执行劳动定额标准，不得强迫或者变相强迫劳动者加班。用人单位安排加班的，应当按照国家有关规定向劳动者支付加班费。

第三十二条【劳动者拒绝违章指挥、强令冒险作业】劳动者拒绝用人单位管理人员违章指挥、强令冒险作业的，不视为违反劳动合同。

劳动者对危害生命安全和身体健康的劳动条件，有权对用人单位提出批评、检举和控告。

第三十三条【用人单位名称、法定代表人等的变更】用人单位变更名称、法定代表人、主要负责人或者投资人等事项，不影响劳动合同的履行。

第三十四条【用人单位合并或者分立】用人单位发生合并或者分立等情况，原劳动合同继续有效，劳动合同由承继其权利和义务的用人单位继续履行。

第三十五条【劳动合同的变更】用人单位与劳动者协商一致，可以变更劳动合同约定的内容。变更劳动合同，应当采用书面形式。

变更后的劳动合同文本由用人单位和劳动者各执一份。

第四章　劳动合同的解除和终止

第三十六条【协商解除劳动合同】用人单位与劳动者协商一致，可以解除劳动合同。

第三十七条【劳动者提前通知解除劳动合同】劳动者提前三十日以书面形式通知用人单位，可以解除劳动合同。劳动者在试用期内提前三日通知用人单位，可以解除劳动合同。

第三十八条 【劳动者单方解除劳动合同】用人单位有下列情形之一的，劳动者可以解除劳动合同：

（一）未按照劳动合同约定提供劳动保护或者劳动条件的；

（二）未及时足额支付劳动报酬的；

（三）未依法为劳动者缴纳社会保险费的；

（四）用人单位的规章制度违反法律、法规的规定，损害劳动者权益的；

（五）因本法第二十六条第一款规定的情形致使劳动合同无效的；

（六）法律、行政法规规定劳动者可以解除劳动合同的其他情形。

用人单位以暴力、威胁或者非法限制人身自由的手段强迫劳动者劳动的，或者用人单位违章指挥、强令冒险作业危及劳动者人身安全的，劳动者可以立即解除劳动合同，不需事先告知用人单位。

第三十九条 【用人单位单方解除劳动合同（过失性辞退）】劳动者有下列情形之一的，用人单位可以解除劳动合同：

（一）在试用期间被证明不符合录用条件的；

（二）严重违反用人单位的规章制度的；

（三）严重失职，营私舞弊，给用人单位造成重大损害的；

（四）劳动者同时与其他用人单位建立劳动关系，对完成本单位的工作任务造成严重影响，或者经用人单位提出，拒不改正的；

（五）因本法第二十六条第一款第一项规定的情形致使劳动合同无效的；

（六）被依法追究刑事责任的。

第四十条 【无过失性辞退】有下列情形之一的，用人单位提前三十日以书面形式通知劳动者本人或者额外支付劳动者一个月工资后，可以解除劳动合同：

（一）劳动者患病或者非因工负伤，在规定的医疗期满后不能从事原工作，也不能从事由用人单位另行安排的工作的；

（二）劳动者不能胜任工作，经过培训或者调整工作岗位，仍不能胜任工作的；

（三）劳动合同订立时所依据的客观情况发生重大变化，致使劳动合同无法履行，经用人单位与劳动者协商，未能就变更劳动合同内容达成协议的。

第四十一条 【经济性裁员】有下列情形之一，需要裁减人员二十人以上或者裁减不足二十人但占企业职工总数百分之十以上的，用人单位提前三十日向工会或者全体职工说明情况，听取工会或者职工的意见后，裁减人员方案经向劳动行政部门报告，可以裁减人员：

（一）依照企业破产法规定进行重整的；

（二）生产经营发生严重困难的；

（三）企业转产、重大技术革新或者经营方式调整，经变更劳动合同后，仍需裁减人员的；

（四）其他因劳动合同订立时所依据的客观经济情况发生重大变化，致使劳动合同无法履行的。

裁减人员时，应当优先留用下列人员：

（一）与本单位订立较长期限的固定期限劳动合同的；

（二）与本单位订立无固定期限劳动合同的；

（三）家庭无其他就业人员，有需要扶养的老人或者未成年人的。

用人单位依照本条第一款规定裁减人员，在六个月内重新招用人员的，应当通知被裁减的人员，并在同等条件下优先招用被裁减的人员。

第四十二条 【用人单位不得解除劳动合同的情形】劳动者有下列情形之一的，用人单位不得依照本法第四十条、第四十一条的规定解除劳动合同：

（一）从事接触职业病危害作业的劳动者未进行离岗前职业健康检查，或者疑似职业病病人在诊断或者医学观察期间的；

（二）在本单位患职业病或者因工负伤并被确认丧失或者部分丧失劳动能力的；

（三）患病或者非因工负伤，在规定的医疗期内的；

（四）女职工在孕期、产期、哺乳期的；

（五）在本单位连续工作满十五年，且距法定退休年龄不足五年的；

（六）法律、行政法规规定的其他情形。

第四十三条 【工会在劳动合同解除中的监督作用】用人单位单方解除劳动合同，应当事先将理由通知工会。用人单位违反法律、行政法规规定或者劳动合同约定的，工会有权要求用人单位纠正。用人单位应当研究工会的意见，并将处理结果书面通知工会。

第四十四条 【劳动合同的终止】有下列情形之一的，劳动合同终止：

（一）劳动合同期满的；

（二）劳动者开始依法享受基本养老保险待遇的；

（三）劳动者死亡，或者被人民法院宣告死亡或者宣告失踪的；

（四）用人单位被依法宣告破产的；

（五）用人单位被吊销营业执照、责令关闭、撤销或者用人单位决定提前解散的；

（六）法律、行政法规规定的其他情形。

第四十五条　【劳动合同的逾期终止】劳动合同期满，有本法第四十二条规定情形之一的，劳动合同应当续延至相应的情形消失时终止。但是，本法第四十二条第二项规定丧失或者部分丧失劳动能力劳动者的劳动合同的终止，按照国家有关工伤保险的规定执行。

第四十六条　【经济补偿】有下列情形之一的，用人单位应当向劳动者支付经济补偿：

（一）劳动者依照本法第三十八条规定解除劳动合同的；

（二）用人单位依照本法第三十六条规定向劳动者提出解除劳动合同并与劳动者协商一致解除劳动合同的；

（三）用人单位依照本法第四十条规定解除劳动合同的；

（四）用人单位依照本法第四十一条第一款规定解除劳动合同的；

（五）除用人单位维持或者提高劳动合同约定条件续订劳动合同，劳动者不同意续订的情形外，依照本法第四十四条第一项规定终止固定期限劳动合同的；

（六）依照本法第四十四条第四项、第五项规定终止劳动合同的；

（七）法律、行政法规规定的其他情形。

第四十七条　【经济补偿的计算】经济补偿按劳动者在本单位工作的年限，每满一年支付一个月工资的标准向劳动者支付。六个月以上不满一年的，按一年计算；不满六个月的，向劳动者支付半个月工资的经济补偿。

劳动者月工资高于用人单位所在直辖市、设区的市级人民政府公布的本地区上年度职工月平均工资三倍的，向其支付经济补偿的标准按职工月平均工资三倍的数额支付，向其支付经济补偿的年限最高不超过十二年。

本条所称月工资是指劳动者在劳动合同解除或者终止前十二个月的平均工资。

第四十八条 【违法解除或者终止劳动合同的法律后果】用人单位违反本法规定解除或者终止劳动合同，劳动者要求继续履行劳动合同的，用人单位应当继续履行；劳动者不要求继续履行劳动合同或者劳动合同已经不能继续履行的，用人单位应当依照本法第八十七条规定支付赔偿金。

第四十九条 【社会保险关系跨地区转移接续】国家采取措施，建立健全劳动者社会保险关系跨地区转移接续制度。

第五十条 【劳动合同解除或者终止后双方的义务】用人单位应当在解除或者终止劳动合同时出具解除或者终止劳动合同的证明，并在十五日内为劳动者办理档案和社会保险关系转移手续。

劳动者应当按照双方约定，办理工作交接。用人单位依照本法有关规定应当向劳动者支付经济补偿的，在办结工作交接时支付。

用人单位对已经解除或者终止的劳动合同的文本，至少保存二年备查。

第五章　特别规定

第一节　集体合同

第五十一条 【集体合同的订立和内容】企业职工一方与用人单位通过平等协商，可以就劳动报酬、工作时间、休息休假、劳动安全卫生、保险福利等事项订立集体合同。集体合同草案应当提交职工代表大会或者全体职工讨论通过。

集体合同由工会代表企业职工一方与用人单位订立；尚未建立工会的用人单位，由上级工会指导劳动者推举的代表与用人单位订立。

第五十二条 【专项集体合同】企业职工一方与用人单位可以订立劳动安全卫生、女职工权益保护、工资调整机制等专项集体合同。

第五十三条 【行业性集体合同、区域性集体合同】在县级以下区域内，建筑业、采矿业、餐饮服务业等行业可以由工会与企业方面代表订立行业性集体合同，或者订立区域性集体合同。

第五十四条 【集体合同的报送和生效】集体合同订立后，应当报送劳动行政部门；劳动行政部门自收到集体合同文本之日起十五日内未提出异议的，集体合同即行生效。

依法订立的集体合同对用人单位和劳动者具有约束力。行业性、区域性集体合同对当地本行业、本区域的用人单位和劳动者具有约束力。

第五十五条【集体合同中劳动报酬、劳动条件等标准】集体合同中劳动报酬和劳动条件等标准不得低于当地人民政府规定的最低标准；用人单位与劳动者订立的劳动合同中劳动报酬和劳动条件等标准不得低于集体合同规定的标准。

第五十六条【集体合同纠纷和法律救济】用人单位违反集体合同，侵犯职工劳动权益的，工会可以依法要求用人单位承担责任；因履行集体合同发生争议，经协商解决不成的，工会可以依法申请仲裁、提起诉讼。

第二节　劳务派遣

第五十七条【劳务派遣单位的设立】经营劳务派遣业务应当具备下列条件：

（一）注册资本不得少于人民币二百万元；

（二）有与开展业务相适应的固定的经营场所和设施；

（三）有符合法律、行政法规规定的劳务派遣管理制度；

（四）法律、行政法规规定的其他条件。

经营劳务派遣业务，应当向劳动行政部门依法申请行政许可；经许可的，依法办理相应的公司登记。未经许可，任何单位和个人不得经营劳务派遣业务。

第五十八条【劳务派遣单位、用工单位及劳动者的权利义务】劳务派遣单位是本法所称用人单位，应当履行用人单位对劳动者的义务。劳务派遣单位与被派遣劳动者订立的劳动合同，除应当载明本法第十七条规定的事项外，还应当载明被派遣劳动者的用工单位以及派遣期限、工作岗位等情况。

劳务派遣单位应当与被派遣劳动者订立二年以上的固定期限劳动合同，按月支付劳动报酬；被派遣劳动者在无工作期间，劳务派遣单位应当按照所在地人民政府规定的最低工资标准，向其按月支付报酬。

第五十九条【劳务派遣协议】劳务派遣单位派遣劳动者应当与接受以劳务派遣形式用工的单位（以下称用工单位）订立劳务派遣协议。劳务派遣协议应当约定派遣岗位和人员数量、派遣期限、劳动报酬和社会保险费的数额与支付方式以及违反协议的责任。

用工单位应当根据工作岗位的实际需要与劳务派遣单位确定派遣期限，不得将连续用工期限分割订立数个短期劳务派遣协议。

第六十条 【劳务派遣单位的告知义务】劳务派遣单位应当将劳务派遣协议的内容告知被派遣劳动者。

劳务派遣单位不得克扣用工单位按照劳务派遣协议支付给被派遣劳动者的劳动报酬。

劳务派遣单位和用工单位不得向被派遣劳动者收取费用。

第六十一条 【跨地区派遣劳动者的劳动报酬、劳动条件】劳务派遣单位跨地区派遣劳动者的，被派遣劳动者享有的劳动报酬和劳动条件，按照用工单位所在地的标准执行。

第六十二条 【用工单位的义务】用工单位应当履行下列义务：

（一）执行国家劳动标准，提供相应的劳动条件和劳动保护；

（二）告知被派遣劳动者的工作要求和劳动报酬；

（三）支付加班费、绩效奖金，提供与工作岗位相关的福利待遇；

（四）对在岗被派遣劳动者进行工作岗位所必需的培训；

（五）连续用工的，实行正常的工资调整机制。

用工单位不得将被派遣劳动者再派遣到其他用人单位。

第六十三条 【被派遣劳动者同工同酬】被派遣劳动者享有与用工单位的劳动者同工同酬的权利。用工单位应当按照同工同酬原则，对被派遣劳动者与本单位同类岗位的劳动者实行相同的劳动报酬分配办法。用工单位无同类岗位劳动者的，参照用工单位所在地相同或者相近岗位劳动者的劳动报酬确定。

劳务派遣单位与被派遣劳动者订立的劳动合同和与用工单位订立的劳务派遣协议，载明或者约定的向被派遣劳动者支付的劳动报酬应当符合前款规定。

第六十四条 【被派遣劳动者参加或者组织工会】被派遣劳动者有权在劳务派遣单位或者用工单位依法参加或者组织工会，维护自身的合法权益。

第六十五条 【劳务派遣中解除劳动合同】被派遣劳动者可以依照本法第三十六条、第三十八条的规定与劳务派遣单位解除劳动合同。

被派遣劳动者有本法第三十九条和第四十条第一项、第二项规定情形的，用工单位可以将劳动者退回劳务派遣单位，劳务派遣单位依照本法有关规定，可以与劳动者解除劳动合同。

第六十六条 【劳务派遣的适用岗位】劳动合同用工是我国的企业基本用工形式。劳务派遣用工是补充形式，只能在临时性、辅助性或者替代性的工作岗位上实施。

前款规定的临时性工作岗位是指存续时间不超过六个月的岗位；辅助性工作岗位是指为主营业务岗位提供服务的非主营业务岗位；替代性工作岗位是指用工单位的劳动者因脱产学习、休假等原因无法工作的一定期间内，可以由其他劳动者替代工作的岗位。

用工单位应当严格控制劳务派遣用工数量，不得超过其用工总量的一定比例，具体比例由国务院劳动行政部门规定。

第六十七条 【用人单位不得自设劳务派遣单位】用人单位不得设立劳务派遣单位向本单位或者所属单位派遣劳动者。

第三节　非全日制用工

第六十八条 【非全日制用工的概念】非全日制用工，是指以小时计酬为主，劳动者在同一用人单位一般平均每日工作时间不超过四小时，每周工作时间累计不超过二十四小时的用工形式。

第六十九条 【非全日制用工的劳动合同】非全日制用工双方当事人可以订立口头协议。

从事非全日制用工的劳动者可以与一个或者一个以上用人单位订立劳动合同；但是，后订立的劳动合同不得影响先订立的劳动合同的履行。

第七十条 【非全日制用工不得约定试用期】非全日制用工双方当事人不得约定试用期。

第七十一条 【非全日制用工的终止用工】非全日制用工双方当事人任何一方都可以随时通知对方终止用工。终止用工，用人单位不向劳动者支付经济补偿。

第七十二条 【非全日制用工的劳动报酬】非全日制用工小时计酬标准不得低于用人单位所在地人民政府规定的最低小时工资标准。

非全日制用工劳动报酬结算支付周期最长不得超过十五日。

第六章　监督检查

第七十三条 【劳动合同制度的监督管理体制】国务院劳动行政部门负责全国劳动合同制度实施的监督管理。

县级以上地方人民政府劳动行政部门负责本行政区域内劳动合同制度实施的监督管理。

县级以上各级人民政府劳动行政部门在劳动合同制度实施的监督管理工作中，应当听取工会、企业方面代表以及有关行业主管部门的意见。

第七十四条 【劳动行政部门监督检查事项】县级以上地方人民政府劳动行政部门依法对下列实施劳动合同制度的情况进行监督检查：

（一）用人单位制定直接涉及劳动者切身利益的规章制度及其执行的情况；

（二）用人单位与劳动者订立和解除劳动合同的情况；

（三）劳务派遣单位和用工单位遵守劳务派遣有关规定的情况；

（四）用人单位遵守国家关于劳动者工作时间和休息休假规定的情况；

（五）用人单位支付劳动合同约定的劳动报酬和执行最低工资标准的情况；

（六）用人单位参加各项社会保险和缴纳社会保险费的情况；

（七）法律、法规规定的其他劳动监察事项。

第七十五条 【监督检查措施和依法行政、文明执法】县级以上地方人民政府劳动行政部门实施监督检查时，有权查阅与劳动合同、集体合同有关的材料，有权对劳动场所进行实地检查，用人单位和劳动者都应当如实提供有关情况和材料。

劳动行政部门的工作人员进行监督检查，应当出示证件，依法行使职权，文明执法。

第七十六条 【其他有关主管部门的监督管理】县级以上人民政府建设、卫生、安全生产监督管理等有关主管部门在各自职责范围内，对用人单位执行劳动合同制度的情况进行监督管理。

第七十七条 【劳动者权利救济途径】劳动者合法权益受到侵害的，有权要求有关部门依法处理，或者依法申请仲裁、提起诉讼。

第七十八条 【工会监督检查的权利】工会依法维护劳动者的合法权益，对用人单位履行劳动合同、集体合同的情况进行监督。用人单位违反劳动法律、法规和劳动合同、集体合同的，工会有权提出意见或者要求纠正；劳动者申请仲裁、提起诉讼的，工会依法给予支持和帮助。

第七十九条 【对违法行为的举报】任何组织或者个人对违反本法的行为都有权举报，县级以上人民政府劳动行政部门应当及时核实、处理，并对举报有功人员给予奖励。

第七章　法律责任

第八十条　【规章制度违法的法律责任】用人单位直接涉及劳动者切身利益的规章制度违反法律、法规规定的，由劳动行政部门责令改正，给予警告；给劳动者造成损害的，应当承担赔偿责任。

第八十一条　【缺乏必备条款、不提供劳动合同文本的法律责任】用人单位提供的劳动合同文本未载明本法规定的劳动合同必备条款或者用人单位未将劳动合同文本交付劳动者的，由劳动行政部门责令改正；给劳动者造成损害的，应当承担赔偿责任。

第八十二条　【不订立书面劳动合同的法律责任】用人单位自用工之日起超过一个月不满一年未与劳动者订立书面劳动合同的，应当向劳动者每月支付二倍的工资。

用人单位违反本法规定不与劳动者订立无固定期限劳动合同的，自应当订立无固定期限劳动合同之日起向劳动者每月支付二倍的工资。

第八十三条　【违法约定试用期的法律责任】用人单位违反本法规定与劳动者约定试用期的，由劳动行政部门责令改正；违法约定的试用期已经履行的，由用人单位以劳动者试用期满月工资为标准，按已经履行的超过法定试用期的期间向劳动者支付赔偿金。

第八十四条　【扣押劳动者身份等证件的法律责任】用人单位违反本法规定，扣押劳动者居民身份证等证件的，由劳动行政部门责令限期退还劳动者本人，并依照有关法律规定给予处罚。

用人单位违反本法规定，以担保或者其他名义向劳动者收取财物的，由劳动行政部门责令限期退还劳动者本人，并以每人五百元以上二千元以下的标准处以罚款；给劳动者造成损害的，应当承担赔偿责任。

劳动者依法解除或者终止劳动合同，用人单位扣押劳动者档案或者其他物品的，依照前款规定处罚。

第八十五条　【未依法支付劳动报酬、经济补偿等的法律责任】用人单位有下列情形之一的，由劳动行政部门责令限期支付劳动报酬、加班费或者经济补偿；劳动报酬低于当地最低工资标准的，应当支付其差额部分；逾期不支付的，责令用人单位按应付金额百分之五十以上百分之一百以下的标准向劳动者加付赔偿金：

（一）未按照劳动合同的约定或者国家规定及时足额支付劳动者劳动报酬的；

（二）低于当地最低工资标准支付劳动者工资的；

（三）安排加班不支付加班费的；

（四）解除或者终止劳动合同，未依照本法规定向劳动者支付经济补偿的。

第八十六条 【订立无效劳动合同的法律责任】劳动合同依照本法第二十六条规定被确认无效，给对方造成损害的，有过错的一方应当承担赔偿责任。

第八十七条 【违反解除或者终止劳动合同的法律责任】用人单位违反本法规定解除或者终止劳动合同的，应当依照本法第四十七条规定的经济补偿标准的二倍向劳动者支付赔偿金。

第八十八条 【侵害劳动者人身权益的法律责任】用人单位有下列情形之一的，依法给予行政处罚；构成犯罪的，依法追究刑事责任；给劳动者造成损害的，应当承担赔偿责任：

（一）以暴力、威胁或者非法限制人身自由的手段强迫劳动的；

（二）违章指挥或者强令冒险作业危及劳动者人身安全的；

（三）侮辱、体罚、殴打、非法搜查或者拘禁劳动者的；

（四）劳动条件恶劣、环境污染严重，给劳动者身心健康造成严重损害的。

第八十九条 【不出具解除、终止书面证明的法律责任】用人单位违反本法规定未向劳动者出具解除或者终止劳动合同的书面证明，由劳动行政部门责令改正；给劳动者造成损害的，应当承担赔偿责任。

第九十条 【劳动者的赔偿责任】劳动者违反本法规定解除劳动合同，或者违反劳动合同中约定的保密义务或者竞业限制，给用人单位造成损失的，应当承担赔偿责任。

第九十一条 【用人单位的连带赔偿责任】用人单位招用与其他用人单位尚未解除或者终止劳动合同的劳动者，给其他用人单位造成损失的，应当承担连带赔偿责任。

第九十二条 【劳务派遣单位的法律责任】违反本法规定，未经许可，擅自经营劳务派遣业务的，由劳动行政部门责令停止违法行为，没收违法所得，并处违法所得一倍以上五倍以下的罚款；没有违法所得的，可以处五万元以下的罚款。

劳务派遣单位、用工单位违反本法有关劳务派遣规定的，由劳动行政部门责令限期改正；逾期不改正的，以每人五千元以上一万元以下的标准处以罚款，对劳务派遣单位，吊销其劳务派遣业务经营许可证。用工单位给被派遣劳动者造成损害的，劳务派遣单位与用工单位承担连带赔偿责任。

第九十三条　【无营业执照经营单位的法律责任】对不具备合法经营资格的用人单位的违法犯罪行为，依法追究法律责任；劳动者已经付出劳动的，该单位或者其出资人应当依照本法有关规定向劳动者支付劳动报酬、经济补偿、赔偿金；给劳动者造成损害的，应当承担赔偿责任。

第九十四条　【个人承包经营者的连带赔偿责任】个人承包经营违反本法规定招用劳动者，给劳动者造成损害的，发包的组织与个人承包经营者承担连带赔偿责任。

第九十五条　【不履行法定职责、违法行使职权的法律责任】劳动行政部门和其他有关主管部门及其工作人员玩忽职守、不履行法定职责，或者违法行使职权，给劳动者或者用人单位造成损害的，应当承担赔偿责任；对直接负责的主管人员和其他直接责任人员，依法给予行政处分；构成犯罪的，依法追究刑事责任。

第八章　附则

第九十六条　【事业单位聘用制劳动合同的法律适用】事业单位与实行聘用制的工作人员订立、履行、变更、解除或者终止劳动合同，法律、行政法规或者国务院另有规定的，依照其规定；未作规定的，依照本法有关规定执行。

第九十七条　【过渡性条款】本法施行前已依法订立且在本法施行之日存续的劳动合同，继续履行；本法第十四条第二款第三项规定连续订立固定期限劳动合同的次数，自本法施行后续订固定期限劳动合同时开始计算。

本法施行前已建立劳动关系，尚未订立书面劳动合同的，应当自本法施行之日起一个月内订立。

本法施行之日存续的劳动合同在本法施行后解除或者终止，依照本法第四十六条规定应当支付经济补偿的，经济补偿年限自本法施行之日起计算；本法施行前按照当时有关规定，用人单位应当向劳动者支付经济补偿的，按照当时有关规定执行。

第九十八条 【施行时间】本法自 2008 年 1 月 1 日起施行。

图书在版编目 (CIP) 数据

HR 不懂《劳动合同法》就是坑公司 : 员工从入职到离职整体解决方案 / 贺清君 , 王丽丽著 . -- 3 版 . -- 北京 : 中国法制出版社 , 2023.9

（企业 HR 管理和法律实务丛书）

ISBN 978-7-5216-3609-3

Ⅰ . ① H… Ⅱ . ①贺… ②王… Ⅲ . ①劳动法—合同法—法律解释—中国 ②企业—劳动关系—管理—中国 Ⅳ . ① D922.525 ② F279.23

中国国家版本馆 CIP 数据核字（2023）第 112063 号

策划编辑: 马春芳

责任编辑: 马春芳　　封面设计: 汪要军

HR 不懂《劳动合同法》就是坑公司 : 员工从入职到离职整体解决方案

HR BUDONG《LAODONG HETONGFA》JIUSHI KENG GONGSI: YUANGONG CONG RUZHI DAO LIZHI ZHENGTI JIEJUE FANG'AN

著者 / 贺清君　王丽丽

经销 / 新华书店

印刷 / 三河市国英印务有限公司

开本 / 787 毫米 ×1092 毫米　16 开　　印张 / 15.75　字数 / 261 千

版次 / 2023 年 9 月第 3 版　　2023 年 9 月第 1 次印刷

中国法制出版社出版

书号 ISBN 978-7-5216-3609-3　　定价: 66.00 元

北京市西城区西便门西里甲 16 号西便门办公区

邮政编码: 100053　　传真: 010-63141600

网址: http://www.zgfzs.com　　**编辑部电话: 010-63141822**

市场营销部电话: 010-63141612　　**印务部电话: 010-63141606**

（如有印装质量问题，请与本社印务部联系。）

附件：贺清君老师已出版图书简介

图书典型特点：

【通俗易懂】与企业管理实践零距离

【理念领先】管理方法理念与时俱进

【案例经典】对复杂问题简单化处理

【实战实用】看了就会懂拿来就能用

（特别提示：贺老师下列著作在京东 / 当当 / 天猫等网站有售）

《老 HRD 手把手教你做薪酬》（实操版）

★推荐理由：薪酬设计实操从入门到精通，直击 VUCA 时代下的薪酬管理新痛点。高频薪酬管理案例，全新解决思路，一本书促使企业薪酬管理工作高效运营！

★内容简介：本书全面系统传授薪酬管理的基本操作实践，通过大量丰富有效的管理工具让薪酬管理落地，让您全面审视并掌控薪酬管理。主要内容包括企业发放工资涉及哪些政策法规？薪酬管理会有哪些法律风险？ 工资发放需做哪些准备工作？工资计算有哪些 EXCEL 函数？社保公积金缴费基数有何规则？社保公积金增减员如何操作？考勤休假制度如何有效制定？业界常说的 21.75 究竟怎么用？员工休病假时如何计算工资？ 试用期员工可否休年假？企业福利实施如何有效管理？薪酬职级表应如何有效设计？如何有效选择薪酬调查对象？如何编写有效的薪酬调研报告？经济补偿金应如何有效计算？如何根据经营定义薪酬架构？薪酬结构都有哪些实施策略？宽带薪酬设计的流程是什么？宽带薪酬适用范围都有哪些？个人所得税法有何关键要点？ 劳动合同法与薪酬有何关系？……

《绩效考核与薪酬激励整体解决方案》（畅销四版）

★推荐理由：绩效薪酬管理必备经典图书，多次改版加印，影响无数HR读者，内容实战通俗易懂，一本在手，彻底搞定企业绩效薪酬和激励管理难题！

★内容简介：本书从绩效考核与薪酬激励管理体系架构设计入手，深刻阐述绩效考核、薪酬管理和激励体系的管理目标、管理流程和管理工具，详细分析了企业高管、战略、企划、营销、产品、研发、生产、项目、采购、人事、行政和财务等多种典型岗位管理目标、管理特征、绩效考核指标量化、薪酬模式选择以及如何有效激励等，提供全面、可量化、精细化的管理解决方案。

《HR不懂〈劳动合同法〉就是坑公司》（第三版）（与王丽丽合著）

★推荐理由：依据《劳动合同法》构建实施方案，解决劳动纠纷管理隐患，来自企业前线丰富的典型实战案例，一本书搞定劳动关系管理难题。

★内容简介：哪些情形涉及经济补偿？哪些情形不涉及经济补偿？调岗调薪如何有效管理才能生效？员工加班有哪些常见管理事项？离职流程如何设计才会更有效？规章制度如何发布才确保有效？发生劳动争议应如何做好调解？发生劳动争议应如何应对仲裁？……本书全面归纳企业员工劳动关系的经典实践，为广大读者提供员工劳动管理整体解决方案，一本书彻底搞定企业人力资源劳动关系管理风险和隐患。

《企业人力资源管理全程实务操作》（第四版）（与崔巍合著）

★推荐理由：提供实战干货，人力资源管理模块全覆盖，看了就能懂，拿来就能用，HR管理者必备工具书！

★内容简介：本书系统阐述人力资源管理各模块管理目标、管理流程和管理手段及管理技巧等。通过本书您将学到：如何依据战略制订人力资源规划？企业员工常见招聘渠道都有哪些？企业绩效考核都有哪些常见方式？企业薪酬体系如何设计才更有效？如何与员工签订有效的培训协议？员工如果拒绝降岗和降薪怎么办？档案管理不当企业该负什么责任？非物质激励有哪些常见主要方式？为什么要给员工做职业生涯规划？人才梯队建设都有哪些核心内容？如何让企业文化建设充分落地？人力资源风险有何具体防范方法？……

《老 HRD 手把手教你做薪酬》（精进版）

★推荐理由：新手快速进阶薪酬管理高手宝典！从企业经营战略高度，系统阐述薪酬架构顶层设计逻辑，提供更高超的薪酬管理思路、手段和技巧，彻底搞定薪酬量化和精细化管理难题！

★内容简介：本书站在企业经营战略的高度，系统阐述薪酬架构顶层设计逻辑，详细阐述薪酬管理制度、薪酬管控模式设计、岗位薪酬管控方法，特别对棘手的调岗调薪等问题阐述详细的管理手段。对企业高管和核心骨干如何做好激励？集团薪酬如何管控？阿米巴与合伙制机制下如何做薪酬管控？如何做薪酬预算与分析？如何通过薪酬管控提升人均能效？薪酬管理都有哪些技巧？……本书为广大读者提供更高超的管理思路和手段。

《绩效领导力》（与沈小滨合著）

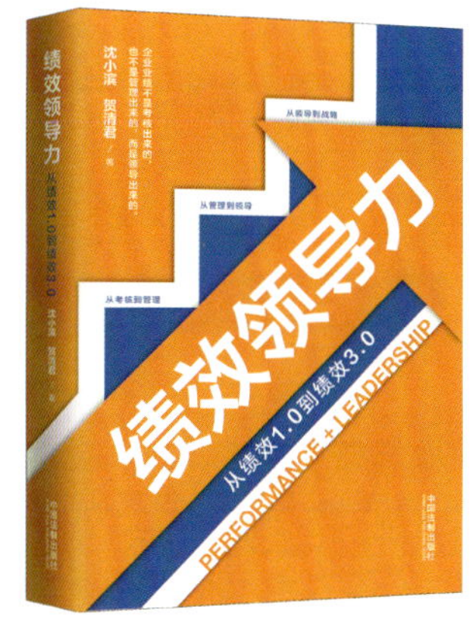

★推荐理由：以绩效管理为抓手，帮助企业中高管提升团队管理能力！

★内容简介：绩效管理是企业的刚性需求，能帮助企业战略执行与落地。本书提出了绩效管理的新框架新思维：从绩效考核到绩效管理，从绩效管理到绩效领导，从绩效领导到绩效战略，为企业绩效管理工作描绘出了一套清晰的发展路径，对企业绩效管理工作的开展具有现实的指导意义。很多企业绩效管理重视 KPI 等方法，为了考核而做考核，导致员工不服、管理者不满，打造高绩效文化基因才是解决企业绩效的根本之道，才是领导力的核心能力体现，相信您会从本书得到更睿智的答案。

《HR员工培训从助理到总监》

★推荐理由：员工培训是人力资源六大模块之一，是人力资源核心管理模块。本书全面覆盖员工培训全部管理知识和管理体系，重点讲解员工培训的管理实践，通过丰富的培训管理工具让企业各项培训有效落地，这是一整套企业员工培训解决方案。

★内容简介：通过本书您将学到：企业培训体系由哪些内容构成？培训需求调查流程如何有效设计？员工各种培训需求如何有效过滤？培训计划制订流程如何有效设计？培训实施风险如何有效从容应对？经典的柯氏四级评估模式是什么？培训后续工作如何有效总结归纳？拓展培训和沙盘培训都有何内容？培训预算审批流程如何有效设计？脱岗培训与外派培训如何去管控？如何有效设计培训制度管理框架？常见的培训课程开发模式都有哪些？如何有效定义外聘讲师挑选原则？如何有效定义内部讲师选拔流程？如何有效地分析供应商选择要点？企业培训都有哪些常见管理风险？E-Learning核心体系由什么构成？企业战略与培训战略究竟有什么关系？如何有效分析构建企业培训地图？……

《企业人力资源必备工具箱》

★推荐理由：本书全面系统阐述了人力资源管理制度从起草到实施发布的管理操作实践，通过大量制度和表单模板工具让人力资源管理从容落地。

★内容简介：本书汇集了诸多知名公司在人力资源管理领域的集体智慧，更有作者多年一线实战经验的精心总结。18个经典制度覆盖人力资源整体解决方案；58个风险分析避免人力资源管理落入陷阱；68个超实用的表单看了就懂拿来就用。